副島隆彦・石平

中国崩壊か繁栄か!?

殴《なぐ》り合い激論

李白社

はじめに――「好敵手」との真剣勝負の激論で、思考を深化させた

このたび、副島隆彦氏との長時間の対談が実現できた。副島氏の言論活動は、もちろん以前から知っている。独自の視点から「怪奇複雑」な国際問題（とくに金融問題）に深く斬《き》り込み、余人の追随できない近未来予測を行なう稀有《けう》の鬼才だ、という認識である。そして氏は中国問題に関しては、言論人の端くれの私とはまったく正反対の論陣を張っていることもよく知っている。

だが、よりにもよって、まさにこの「中国問題」をテーマにして、副島氏と私が対談することになったのだ。実は対談が決まった時点から、私自身も、それがかなりの激しい論争となるのではないかと予測して、いわば「刺し違える覚悟」を固めてきたわけである。

確かに、中国の政治経済問題に関して、とくに中国は今後どうなるかという近未来予測の大問題に関して、私と副島氏との間では大きな意見の相違があり、対談の中でも時々、互いに真剣を抜いての正面激突があった。今まで、多くの論客の方々と対談してきた私だが、これほどの激しい論戦を経験したのも初めてのことである。

しかしその一方、実に意外なことでもあるが、私と副島氏は多くの問題に関して、意見がまったく一致する点も多くあり、互いに意気投合してしまうような場面も時々見られた。

話を進めているうちに、意見の対立する「好敵手」との真剣勝負を楽しむような雰囲気さえ、私たちの間に生まれてきたのである。

よく考えてみれば、それはまた、対談（あるいは対論）というものの持つ、本来ならの醍《だい》醐《ご》味《み》の一つであろう。今まで体験してきた、意見の一致する人との対談は別の意味では大変有意義ではあったが、意見の異なる人との対談はまた、問題をより深く掘り下げて、思考を深化させるうえでは実りの多いものである。少なくとも私のほうは、副島氏との対談から多くのものを学び、自分自身の問題意識を深めることができた、という思いである。

しかも、中国の抱える諸問題に関して、とくに中国はこれからどうなるかに関して、私たち各自の持論を超えたところの示唆に富む、多くの論点（あるいは結論）がこの対談から引き出されているのではないかと思う。つまり知的生産の新しい成果は確実に、私たちの激しい対論（あるいは愉快なる対話）から生まれているのである。それはいったいどういうものであるかに関しては、読者諸氏の読んでの楽しみにとっておくが、ここでは、対談が終わってからの私の副島氏に対する認識の一つを記しておこう。

＊

彼は実に、自分の主張あるいは論に対して、どこまでも誠実な人である。誰にも媚《こ》びることなく、誰をも恐れることなく、時流に流されるようなこともなく、堂々たる論陣を張るのは副島氏の一貫した流儀であることはよく知られている。が、彼との対談の中で私自身がしみじみと感じたのは、彼の論にはいっさいの虚飾と無用な遠慮のないことである。彼は心底から信じていることを論として語り、自分の論というものに全身全霊を懸けている。世の中の「論者」と称される人の中には、その人の論説とその人の人格はまったく別々であるケースが多い。だが、副島氏の場合、言葉と人格が渾然《こんぜん》一体となって、副島の論はすなわち副島その人なのである。そういう意味では、彼は論者としては大変尊敬すべき人である。

もちろんその一方、副島氏の「遠慮のない論説」は時々、人を傷つけるようなこともあるのであろう。たとえばこの対談の中でも彼は時々、日本の保守的文化人を激しく批判するような発言を行なっているのはその一例である。もちろん私はこのような批判にはまったく同意できない。私はむしろ、氏によって批判される人々のことを大変尊敬している。

しかしそういうことは別として、副島氏との今回の対談は自分にとって、多くのことを学び、問題意識と思考を深める大変貴重な機会となったと思う。そして、副島氏と私が正面からぶつかりながら、問題を深く掘り下げていったこの対談本はきっと、皆様の中国理解を深める一助になることと信じている。

最後に、長時間にわたって対談してくださった副島隆彦氏と、この超面白い企画を提案し実行してくださった李白社の岩崎旭社長に、心からの御礼を申し上げたい。そして、本書を手に取ってくださる読者の皆様にはただただ、頭を下げて感謝したい気持ちである。

平成二四（二〇一二）年五月吉日

石　平

殴り合い激論

中国 崩壊か 繁栄か!? † 目次

序章

薄熙来《はくきらい》（党委書記）の失脚事件は第二の「文化大革命」か？

●共青団系と上海閥系実力者との闘いが再び始まった

第1章 これから中国共産党政権はどう変わる？

●中国共産党のトップ人事を巡る権力闘争の実像

第2章 ポスト胡錦濤《こきんとう》体制と中国共産党政治の行方

●次期・習近平《しゅうきんぺい》体制と共産党政権の行方を巡って真っ向から対立

第3章 なぜ中国は熾烈《しれつ》な「海洋戦略」を推進するのか

●二〇一五～一六年には中国がアメリカを逆転する？

第4章

中国はバブル経済と大恐慌を乗り越えられるか？

●温家宝《おんかほう》首相の「GDP成長率引き下げ」表明の真意を解く

第5章 中国の最終的生き残り戦略は「軟実力《ソフトパワー》」か？

中国はパクリを脱してオリジナルな文化力を創出できるか？

第6章
日中関係悪化の陰にはアメリカの関与がある？
●尖閣諸島の帰属、南京虐殺事件、中国漁船衝突事件問題等の解決法

終章

躍進する中国は日本企業を駆逐《くちく》する？

●日中経済逆転のシナリオをつくったのはアメリカか？

カバーデザイン——上田晃郷
本文レイアウト&図版制作——沖浦康彦
編集協力——湧水舎
写真提供——共同通信社、産経新聞社
レコード・チャイナ
中国新聞網、新華網

序章

薄《はく》熙《き》来《らい》(党委書記)の失脚事件は第二の「文化大革命」か?

共青団系と上海閥系実力者との闘いが再び始まった

薄熙来《はくきらい》・党委書記の失脚事件は、第二の「文化大革命」か？

副島　今から、九年前、二〇〇三年三月一五日に国家主席に選出された胡錦濤《こきんとう》は、就任以来、「和諧《わかい》社会」（調和のとれた社会を目指す。公平と平等を尊ぶ）を提唱してきました。その間、中国では重要な権力闘争があったようです。中国共産党内部では何かが起きていた。表面に目に見えるような政変は起こらずに続いてきました。

二〇一二年秋には、第一八回全国人民代表大会で、国家副主席の習近平《しゅうきんぺい》が国家主席になり、ポスト胡錦濤体制が始まる。次の一〇年間の指導部も決まりつつあります。そんな矢先に、去る二〇一二年三月一五日に、トップ九人の最高指導部入りが予想されていた薄熙《はくき》来《らい》（ポーシーライ）重慶市党委書記《とういしょき》が電撃的にその職を解任されました。最初、中国指導部は薄熙来から党委書記の職務だけを解くと公表していたので、事態はさらに深刻化しました。四月一〇日になって、中国指導部は薄熙来を党政治局員（トップ二五人）からも外すという厳しい処置を取りました。

石平さんは、この政変をどのように分析されますか。

石平　二〇一二年三月一四日に全国人民代表大会（全人代）の会議が閉幕しましたが、その直後、温家宝《おんかほう》首相は記者会見で、「文化大革命の悲劇が繰り返される」と、重慶市の党委書記である薄熙来への批判と思われる意味深長な発言をしました。そして、翌三月一五日に中国共産党中央部により、薄熙来は電撃的に党委書記を解任されてしまいました。

薄熙来はなぜ失脚したのか。私の見方を申し上げます。

薄熙来の腹心だった王立軍《おうりつぐん》は当時、重慶市の副市長でした。しかし突然、四川省の成都にあるアメリカ総領事館に逃げ込んで政治的な亡命を図るというショッキングな政治事件が発生しました。この事件が発覚し、薄熙来は政治生命を断たれました。

私は、薄熙来の転落は、「なるべくしてなったもの」と見ています。なぜ部下の「亡命事件」が起こり、薄熙来が解任されたのか。それは薄熙来の権力欲が招いた事態だと私は見ています。

王立軍の「亡命事件」に至るまでの詳しい真相は私にもよくわかりませんが、この事件の背景を考えてみましょう。

大連市長や商業部長（通産大臣に相当する）を歴任してきた薄熙来は、いわゆる「太子党」（中国共産党の高級幹部の子弟で特権的地位にいる者たちのこと）の一人であり、一時は江沢民《こうたくみん》派の後押しも受けていました。しかし、今から五年前の二〇〇七年、党の第一七回大会開催に向けて「ポスト胡錦濤」の共産党指導部の後継者人事が討議されたとき、温家宝（首相）や胡錦濤（国家主席）から睨《にら》まれ、後継人事の候補者名簿から外された。薄熙来は重慶へ飛ばされてしまったのです。

その代わりに、江沢民派と胡錦濤派の妥協の結果、江沢民派の推す習近平（国家副首席）と胡錦濤派の推す李克強《りこくきょう》（国務院常務副首相、胡錦濤と同じ中国共産主義青年団出身。第五世代の指導者の一人）が、それぞれ次の国家主席と次期首相の候補に収まったのです。

一方、薄熙来は二〇〇七年一〇月に、重慶市の党委書記というトップに任命されました。が、彼にとって、この人事は左遷同然でした。薄熙来はほんとうは中央に留まりたかった。そして、次の党大会で政治局常務委員（トップの九人）になるつもりでいました。

しかし薄熙来は、重要な大都市である重慶市で実績をつくりました。そしてもう一度、中央に復帰したいと考えました。しかし、当時、彼は六〇歳になっていて、普通のやり方ではもう無理だと考えたのでしょう。何かすごく注目されるようなことでもやらなければ、そのまま重慶市の書記で終わってしまいます。

薄熙来は背水の陣を敷きました。そこで、彼が「目玉商品」として力を入れたのが、重慶市の犯罪組織の一斉検挙キャンペーンである「打黒《だこく》」、すなわち「中国黒《くろ》社会」の撲滅作戦でした。これは民衆にものすごく支持されました。もう一つが、「革命歌の普及運動」です。共産党の思想教育の一環として、毛沢東時代の革命歌を歌う運動を強引に推進しました。

第二の「文化大革命」となるか?
薄熙来(党委書記)の電撃的失脚

「中国黒《くろ》社会」の撲滅と「革命歌の普及運動」を行なった薄熙来(中央)

民衆に人気のあった重慶市党委書記時代の薄熙来

この古い革命歌の再普及運動は、二〇一一年七月の中国共産党創立九〇周年を盛り上げるために始められました。

この革命歌運動の背景には、次のような事情がありました。鄧小平《とうしょうへい》（元最高指導者）の改革開放政策以来、中国経済が成長して、国民の生活レベルも大きく上昇しました。しかし、その中で貧富の格差が極端に拡大しました。持てる者と持たざる者の格差が広がって、持たざる者の不満が高まったのです。この持たざる者たちの気持ちを代弁する知識人たちが出てきました。ここが中国の面白いところです。彼らは「新左派」と呼ばれています。

汪洋《おうよう》の腹心の死刑で、薄熙来の政治的野心が明らかになった

石平　この「新左派」の知識人たちはどういうことを考えているか。それは――鄧小平の改革開放政策は基本的に間違っていた。アメリカに騙《だま》されて、社会主義を捨て、資本主義に走り、その体制に組み込まれた。中国が再び、正しい社会主義を取り戻すためには、鄧小平の改革開放路線を取りやめて、もう一度、平等な社会をつくることが大切である。

以上が「新左派」知識人たちの考えです。

新左派の人たちにとって、平等社会のモデルはなにかというと、毛沢東《もうたくとう》なのです。そこ

で再び、毛沢東の思想を持ち出しました。今、持たざる人々、貧困層になっている人々は、労働者といわれる人々です。毛沢東の時代には、労働者はけっこう社会的な地位が高く、収入も多かった。このような労働者がこの一〇年間で、格差社会になって疎外されました。

そこで彼ら新左派の人たちが、毛沢東時代を懐かしく思い始め、あの時代を理想化し始めた。普通の庶民や労働者も「昔はよかった」と、思い始めました。「あの頃（毛沢東の時代）は確かに貧困だった。しかし、社会はけっこう平等であって、あまり汚職はなかった。売春もなかった、アルコール依存もなかった」と。それで、毛沢東の時代はよかったということになり、鄧小平型の改革はもういらないと考え始めたのです。

そういう新左派と、豊かさから取り残された労働者や貧困層の不満がうまく結合し、起こったのが、「毛沢東回帰」の運動です。薄熙来はまさにこの流れを読んで、自分が政治的にこの不満を持つ人々の声を代弁し、彼らの力をバックにして、中央政府への復帰を果たそうとしました。そのために薄熙来が行なったのが、「唱う紅歌（革命歌を唄う）」のキャンペーンです。「紅歌」とは、毛沢東主席の時代によく歌われた共産党をたたえる歌や、抗日戦争での軍歌のことです。

だから、薄熙来は富裕者に対する憎しみを大勢の人たちが持っているから、「黒社会撲滅」を行なうことで、一部の悪徳商人を懲《こ》らしめました。悪代官と悪徳商人をやっつけると庶民が喜ぶという、水戸黄門の世界を演じたのです。庶民が自分について来ることで、自分も中央に昇進するという作戦をとりました。

薄熙来は、この黒社会撲滅運動（打黒）を推進するために、昔の部下だった遼寧省の公安局副局長を務めて有能だった王立軍を重慶に呼び寄せました。薄熙来は重慶市の警察や公安をまったく信用していなかったからです。そこで、王立軍を重慶市の公安局長に据えて、彼を使って、さらに「黒社会撲滅」運動を推進しました。王立軍は、重慶市の党幹部に対してまでも厳しい摘発を行なったのです。「黒社会」と癒着した幹部を一網打尽にして処刑してしまいました。

とくに重慶市の司法局長だった文強《ぶんきょう》を死刑に処したことはやり過ぎでした。文強は中国共産主義青年団（中国共産党員になるために一四歳から二八歳の若手エリートを育成する青年組織。略称は共青団《きょうせいだん》）派の要員で、前の重慶市トップであり今は広東省の党委書記をしている汪洋《おうよう》という高官の腹心でした。これで薄熙来と共青団派との確執が決定的なものになりました。

やがて厄介者扱いされ、孤立無援になっていく薄熙来

石平　このたびの王立軍の米国総領事館亡命騒動で表面化した薄熙来の失脚劇は、今の指

導部にとっても、次の時代の習近平（国家副主席）にとっても、実に頭の痛い問題です。中国共産党は、薄熙来を解任という形で処遇しました。ここに至る薄熙来の経歴を簡単に振り返って見ましょう。

薄熙来の父親・薄一波《はくいっぱ》と習近平の父親・習仲勲《しゅうちゅうくん》は共に副首相でした。二人の父親同士には政治的な対立があったとも言われています。それとは別に薄熙来をいちばん嫌っていたのは温家宝（首相）でした。薄熙来は以前、江沢民派の支持を受けていましたが、だんだん、江沢民派から見放されました。

江沢民派の連中は大体、金儲《もう》け主義な地元の上海で連携し合い、政治権力と民間資本を癒着させていました。薄熙来が重慶市でやっていることは、まさにこの構造にメスを入れることでした。そして既得の利益集団の頂点が江沢民でした。

政治権力と民間資本を癒着させて、利権をすべて牛耳るという構造は、上海閥の江沢民派がつくり上げたものです。上海閥からすれば薄熙来がやった「打黒」は、自分たちの利権を脅かすものでした。ですから、江沢民派が薄熙来を見放したのです。

一部の日本の新聞では、薄熙来は太子党の習近平の一派であると言っています。それは間違いです。実際は習近平こそ本心では、薄熙来を恐れていたのです。

薄熙来を次の習近平体制の指導部九人に入れてしまうと、彼は大衆に人気がある強力な政治家ですから、自分の手に負えなくなると考えたのでしょう。だから、習近平も薄熙来のことを面白く思っていなかった。

そのような背景で、胡錦濤派からも太子党からも、江沢民派からも薄熙来は目の仇になり、いずれ誰からも厄介者扱いにされるだろうと、私は思ってきました。そのような中で起きたのが、王立軍の米国総領事館駆け込み事件だったのです。

民間資本による経済成長か、国有企業を中心にした成長かの相克

副島　私は、石平さんの分析に大半は同意見ですが、少しだけ違う見方をしています。私は学生の頃、政治思想活動家であり、かつての新左翼《ニューレフト》でした。日本は高度資本主義の国ですから、日本の新左翼と中国の新左派とはまったく異なります。したがって今の中国の新左派のような単純な思考はしません。

中国の新左派の登場で再び「走資派《そうし》」叩きが復活したようです。かつて八〇年代に、「走資派」という理念で鄧小平たちを猛烈に苛《いじ》めた勢力がじわじわと復活していました。それが今度の薄熙来事件で大きな打撃を受け退潮したと私は判断します。資本主義肯定に走る人たちを「走資派」といいます。ところが、「走資派」といって、鄧小平たちを攻撃した自分たちのほうが、実際には矛盾を起こして負けたのです。毛沢東を礼賛する勢力として

復活したのが新左派です。彼らは何かと言うと貧富の差を嫌います。しかし素直に正直に考えれば、人間社会にはある程度の貧富の差があって当たり前なのです。

七〇年代までの毛沢東時代には中国人は、皆、貧乏して、木の皮を剥《は》いで食べて生き延びました。それなのに、新左派の人たちは貧富の差の拡大への反対を言い出した。素晴らしい成長経済が起きている国では、貧富の差が大きく開き、能力のある者が先に豊かになるのは自明のことです。私はある程度の貧富の差は認めます。それは人間の自然状態です。それを禁圧するとほんとうに、牢獄国家、収容所列島になります。

「もう貧乏は嫌だ」「中国は豊かになるのだ」と決めてそれを実行した鄧小平が正しい。絶対的に正しかったと私は判断しています。それに対して、江沢民(前国家主席)はもう命も長くないですが、子分の曾慶紅《そうけいこう》(副主席)と賈慶林《かけいりん》(全国政治協商会議主席)も悪い人間たちです。彼らが上海閥の親玉で、薄熙来を見放したのでしょう。

平等、平等と「奇麗事を言うな」と私は言います。中国でいちばん汚れているのが上海閥です。「黒社会」というのは幇《パン》のことであり、中国の暴力団という意味です。この暴力団が実は共産党の幹部たちの中にまでたくさん入り込んでいます。

ですから、中国の新左派と呼ばれる知識人たちのほうが間違っています。ここでは私は断言します。薄熙来が愚かだったのは、自分の部下である王立軍(重慶市副市長)が、前の司法局長だった文強を腐敗の罪で死刑にまでしてしまったことです。これで全国の共産党員たちが震え上がった。「俺も死刑になるのでは」と思ったはずです。

中国で司法局長というポストは、検察官と裁判官の上にいる人です。そんな人物を薄熙来は王立軍を使って死刑にまでしてしまった。明らかに薄熙来はやり過ぎたのです。

石平　死刑に処せられた文強を抜擢《ばってき》したのは、前述したように広東省の書記（前重慶市委書記）だった汪洋《おうよう》でした。汪洋という人は実は、胡錦濤がいちばん気に入っていた側近の一人です。

どちらにとっても、薄熙来の問題はなんとか解決しなければなりませんでした。薄熙来をこのまま放置しておけば爆発するし、次の体制内に入れれば習近平が迷惑する。だからといって、薄熙来を登用せずに野に放しておいたら、危険すぎる。いずれにしても彼を葬るしか手はなかったのです。

副島　なるほど、これでわかりました。両方の勢力が妥協して薄熙来を追放処分にした。これが、石平さんを含めた北京大学出のエリートたちの考えなのですね。

薄熙来は四六歳で大連市委副書記になったとき、すごく成果を上げました。その後、二〇〇七年に重慶市委書記に任命されて、さらに人気が出た。新疆《しんきょう》ウイグル自治区の党委書記にならないかと、党中央から言われた。しかし、薄熙来はそれを固辞しました。自分がまた左遷されるとわかっていたからです。

大事なことは、国営企業を中心にした経済成長を遂げようとするのか、そうではなく、完全に民間(営)化した資本を中心にした成長経済を推進していくのか、この対立があったことです。共青団の温家宝たちのほうは、民間資本(私有企業)による成長ということを推進しました。ところが薄熙来は国営企業を中心にした成長を目指した。この経済学的な大きな対立があるのではないでしょうか。

胡錦濤は最初から汪洋と薄熙来をぶつける戦略を取っていた

副島 ですから、今回の薄熙来の失脚事件は、話が三重くらいに捻《ね》じれています。とりあえず表面は、薄熙来はハンサムで恰好がよく、女性にもてた。彼の「悪い暴力団政治はやめよう」というキャンペーンは民衆にすごく受けました。共産党幹部たちが幇《パン》とつながっていて、たとえば誰も人影がいないような暗い企業でも、国営企業だったりする例がたくさんあるのです。そこでものすごい密輸をやったりしています。民衆は皆、そのことを知っていますが、恐くて言えなかったのです。

薄熙来が部下の王立軍を呼んで来て、そういう企業を叩き潰《つぶ》し始めたのが二〇〇九年からでした。それに対して、汪洋というのは共青団のほんとうのエリートでした。汪洋は次に広東省の党委書記に移されて、経済政策に失敗しました。二〇〇八年九月のリーマン・ショックで輸出が激減し、広東省の輸出企業は打撃を受け、たくさん倒産しました。だから、胡錦濤や温家宝が、「お前、大丈夫か」と言って、応援しに来たほどです。

もっと裏を読むと、胡錦濤は最初から汪洋と薄熙来をぶつけるつもりだったのではないか。汪洋は共青団系であり、彼の人気は李克強より上でした。しかし、次の時代には李克強のしぶとさや穏やかさのほうがよいと胡錦濤は判断しました。胡錦濤は、自分の師であった鄧小平の「我慢せよ。〝No.2〟でもよい」という戦略に従いました。「〝No.1〟は上海閥の習近平にやらせろ。我慢せよ。我慢することこそは、政治の要諦《ようてい》である」という鄧小平の考え方に胡錦濤は忠実です。

胡錦濤と温家宝自身が、江沢民の下で一五年間、我慢した。鄧小平は、「俺は（あの残忍な）毛沢東の下で三〇年間、我慢したぞ」と言いました。

このように、「いちばん上は相手に取らせろ、二番目を取ればよい。国の安定こそが大切である」という鄧小平と胡錦濤の決意があったから、すでに汪洋という人物は薄熙来とぶつけさせられる運命にあったのではないでしょうか。

石平　薄熙来の中国政界からの失脚は、今後の中国の政治路線の方向性を占ううえで重要な意味を持ちます。

薄熙来のライバルだった汪洋(中央政治局委員)

薄熙来のライバルだった汪洋は共青団のエリートでもあった

打黒(暴力団取り締まり)の英雄から一転して“時の人”になった
王立軍重慶市前副市長、前公安局長(中国の月刊誌より)

副島さんも指摘されたように、ここ数年間、薄熙来とそのライバルだった汪洋との間で、熾烈《しれつ》な体制内「政策論争」が展開されていました。薄熙来は前述したように、重慶市で黒社会撲滅運動を展開して、毛沢東時代の革命歌の斉唱運動を推進しました。さらに、格差や汚職の広がりをもたらした経済成長優先路線を否定する姿勢を取った。富みの再配分を通じた弱者救済を訴えました。

それに対して、汪洋は「ケーキの切り分け方云々《うんぬん》よりも、ケーキをいかに大きく焼き上げるかが大事だ」と反論しました。市場の競争原理を通じて、古い労働集約型産業を減らし、新産業を育成して、さらなる高度成長を目指していくことを汪洋は主張したのです。つまり、薄熙来は「富みの配分の平等」を重視する政策を訴えているのに対し、汪洋は「平等」よりも「市場の論理」と「成長」を重視する姿勢を示したのです。

副島　なるほど。汪洋たち胡錦濤派は、経済成長で国民が豊かになることを何よりも優先したわけですね。中国の経済成長の現場にいて、一方の汪洋の広東モデルは失敗し、他の薄熙来の重慶モデルは華々しい成果を上げました。その結果、重慶市は今の中国で最大級のバブル経済都市になった。重慶市ではものすごくたくさんのビルが建っているそうです。

それでも、鄧小平戦略というのは甘いものではない。ただ「ひたすら我慢せよ」ということなのです。政治の要諦は「我慢」です。そして、老子の言った「韜晦《とうかい》」です。ぼーっとして、ほんとうのことを言わず、容易に自分の正体を見せないことです。
ですから、私は今度の政変は共産党トップたちの計画どおりと見ています。

王立軍は命の保証欲しさに米総領事館に駆け込んだ

石平　薄熙来失脚の原因になった王立軍の亡命騒動の経緯をもう一度、分析してみましょう。共産党中央政府は薄熙来を切るために、「お前も汚職問題に関係しているではないか」と言って、まず王立軍（副市長）を処分しようとしました。そして党中央が王立軍に手をつけようとした矢先に、薄熙来が取った行動が、自分のほうからまず王立軍を切るということだったのです。そこが、政治の腹黒い世界です。薄熙来は自分にとって使い道がなくなり邪魔になった存在を、先手を打って切った。王立軍の公安局長の地位を解任して、同じ副市長のまま教育問題を担当させた。実際は王立軍を失脚させたのと同じです。

王立軍は薄熙来の腹黒さをよく認識していました。自分の唯一の庇護《ひご》者である薄熙来にまで見放されてこのままいけば、自分の命さえ危ない。そこで、どうしたらよいかと考えた。党中央に訴えることは無理と思い切り、そこで取った行動が、変装して薄熙来の監視網から逃れて、成都にある米国総領事館に駆け込むことだったのです。

彼は命の保証が欲しかった。大きく報道されて国際問題になった以上、王立軍は簡単には闇に葬られることはありません。共産党政府もそれをできなくなります。

王立軍は一日で、総領事館を出されました。この出されたということがアメリカと中国共産党の指導部との間での合意です。恐らく王立軍の命を保証するという密約があったからだと思います。中国はアメリカに対して、そういう約束をしたと思います。この事件が起こったのは、ちょうど、習近平（副主席）の訪米（二〇一二年二月一四日）の八日前の二月六日でした。

中国共産党の幹部の命がアメリカによって保証された――王立軍が米国総領事館に駆け込んだ理由はこれしか考えられません。王立軍は恐らく中国の政治の機密を自分の知る限り全部、アメリカに吐露したでしょう。その替わりに命の保証をもらったということです。

薄熙来の妻が関与していた？　イギリス人変死事件の謎

副島　私は、いくらアメリカに中国政界の秘密が渡ったとしても、中国側は、もうビクともしなかったと思います。私がここでいちばん重視するのは、胡錦濤と次の習近平が手を握り合って、「中国にとっていちばん大事なのは政治の安定である。自分たちがしっかりしなければいけない」と自戒し合っただろうということです。このとき、習近平は、自分を育てた上海閥のNo.2である曾慶江から離れて、胡錦濤と手を結んだだろうと判断します。

習近平もまんざら馬鹿ではありません。この中国の安定路線をアメリカも支持したのでしょう。

王立軍が駆け込んだ米総領事館をいちばん初めに取り囲んだのは喬石《きょうせき》というかつての指導者（江沢民と争って失脚していた）の派閥（系列）の政治警察（公安部）の部隊らしいです。

この後の報道で、薄熙来の家族と親しかったという、一人のイギリス人男性の変死事件が明らかになりました。日本の新聞報道でも、薄熙来の妻である弁護士の谷開来《こくかいらい》という女性と、このニール・ヘイウッドというイギリス人の実業家がビジネスで、深く関わっていたといいます。ヘイウッドは中国滞在が長く、薄熙来が遼寧省にある大連市長だった頃から、薄熙来の家族と交流があった。彼は薄熙来の長男・瓜瓜《かか》がイギリスのオックスフォード大学に留学する際にも尽力したといいます。

ヘイウッドの死因は過度のアルコール摂取と断定され火葬されました。しかし、あとでわかったのですが、彼には飲酒の習慣はなかった。そこで英国政府が重慶にある米国総領事館を通じてこの事件の調査を始めました。

このあと、王立軍が米国総領事館に駆け込みました。王立軍は、自分の捜査線上に薄熙来の妻が絡んでいることを薄熙来に報告した。それを聞いた薄熙来は激怒して王立軍を公安局長から外した。それが契機となって、王立軍は成都の米国総領事館に駆け込んだというのです。

薄熙来は、三月五日からの全人代のときの記者会見で、腹心の王立軍の「米国総領事館駆け込み事件」の監督責任は認めたのですが、妻のスキャンダルについては、「家族に泥を塗ることはできない」と言って、色をなして反論した。

米紙「ウォールストリート・ジャーナル」によれば、薄熙来の妻の谷開来は、二〇〇七年頃から、中国当局による汚職容疑の捜査を受けていたそうです。それを機にヘイウッドとの関係が悪化し、彼は自分の友人たちに、「身の危険を感じている」と話していたといいます。

英国政府から調査要請を受けた共産党政府は、薄熙来・谷開来夫妻に任意の取り調べをしており、このイギリス人の変死についても追及したそうです。

四月一〇日に、国営「新華社通信」は、この事件の続報を発表しました。それによると、中国の警察当局が、英国人実業家ニール・ヘイウッドを殺害した嫌疑で、妻の谷開来と、薄家で働いていた張暁軍《ちようぎようぐん》が逮捕されました。二人を殺人容疑で司法機関に移送したそうです。

その後、党当局の調べで、薄熙来・谷開来夫妻が六〇億ドル（約四八〇〇億円）という巨

薄熙来失脚の背後にあった謎の英国人殺害事件

薄熙来の妻である谷開来(左端)は、英国人殺人の容疑が掛けられ、勾留された。右端は長男の瓜瓜

額な不正蓄財を行ない、海外送金していたということがわかりました。殺害されたヘイウッドが送金先の口座開設を手伝っていたといいます。夫妻の不正蓄財のお金の流れを知るヘイウッドの口を封じるために、谷開来容疑者が殺害したというのが有力な説です。

これ以上のことは、まだ明らかになっていません。

アメリカ側はなぜ薄熙来の最高指導部入りを望まなかったのか

副島　薄熙来失脚事件に関連した続報が、二〇一二年四月一日付の「日本経済新聞」にありました。

――薄熙来は遼寧省の大連市長だった頃、貧富の差に不満を持つ市民の支持を得るために、富裕層を攻撃していました。その標的となったのが、当時、米経済誌が発表した「中国富豪ランキング」で三位となった遼寧省の自動車メーカー・華晨汽車《かしんきしや》（瀋陽《しんよう》に本拠地を置く中国の自動車メーカー。商用車ブランドの「金杯《ジンベイ》」と「閣瑞斯《グランス》」、および乗用車ブランドの「中華」を持っている）の仰融《ぎようゆう》会長でした。仰融会長は一九九二年に華晨汽車をニューヨーク証券取引所に上場させました。ところが、遼寧省の大連市長に就いた薄熙来は、二〇〇二年に、「仰会長が国有資産を横領した」と言って逮捕しようとしたのです。

薄熙来の動きを察知した仰会長はアメリカに逃亡し、当時ブッシュ政権とつながっていた米共和党の政治家たちをバックにして、薄熙来と遼寧省を相手取ってニューヨークで法廷闘争に出ました。これが米中対立の新たな火種になっていました。

遼寧省の失業率がこのとき、全国で最悪だったこともあり、江沢民（当時、国家主席）は薄熙来を大連市長から外しました。ただし、江沢民は薄熙来を可愛がっていたので、病気療養中だった商務部長（経産大臣に相当）の後任に据えたのです。

今回の王立軍の米国総領事館駆け込みで、アメリカ側は王立軍から薄熙来に関する情報を得たことをきっかけに、胡錦濤側とのホットラインをつくったようです。きっとアメリカは新たに中国の弱みを握ったのでしょう。この事件直後に訪米した習近平との会談で、オバマ大統領が何らかのシグナルを中国側に送ったのでしょう。

薄熙来は遼寧省の時代に、気功集団の「法輪功《ほうりんこう》」への弾圧を行なったり、重慶市でも、市民を扇動するキャンペーンをいろいろ行ないました。これらの活動を見て、アメリカは、「こんな男が最高指導部入りすると、米中関係を悪化しかねない」と判断したそうです。

共青団(胡錦濤)系と上海閥(賈慶林・曾慶紅)との闘いが始まった

石平　薄熙来失脚の真相については、これからもいろいろな説が出てくるでしょう。ここでは、臆説は横に置いて、私なりの薄熙来への今後の処遇を推測します。

王立軍が北京政府に連行されて、取り調べを受けた後、薄熙来が取った行動は次のようでした。政治局常務委員入りが無理になったあと、中央からさらに粛清されないために、薄熙来は胡錦濤に対して全面降伏という行動に出ました。

今から五年前の二〇〇七年三月一四日、五年に一度の全国人民代表大会（全人代《ぜんじんだい》）が北京で開かれて終わった直後、全人代に出席していた重慶市代表団の会議に胡錦濤が出席して講話しました。胡錦濤はその会議で、重慶市の「経済・社会の発展」に関する「重要指示」を行なった。いわゆる胡錦濤講話です。

そのときの重慶市のトップは、まだ薄熙来ではなく、汪洋（中央政治局委員）でした。この胡錦濤の重要指示があった年の年末に、薄熙来が重慶市のトップになったのです。

ところが、薄熙来は自分が重慶市のトップになっても、ずうっと胡錦濤からの「重要指示」を無視しました。四川省は私の故郷です。この地元新聞の「重慶日報」（二〇一二年二月二六日付）によれば、二月二四日、薄熙来は慌てて重慶市共産党常務委員会議を開き、胡錦濤講話を「三・一四綱領」という形でまとめて、その全面的実施を正式に決めました。

これこそ胡錦濤に対する薄熙来の降伏のサインです。そうでなければこのときの薄熙来の態度はあまりに不自然です。薄熙来は胡錦濤に全面降伏して、今後の保障を求めました。

しかし、結果は、中央指導部から下されたのは「電撃解任」でした。この一連の経緯によって、薄熙来の次期最高指導部入りは完全に阻止されました。と同時に、彼の政治生命もほぼ断たれました。

党内きっての野心家の薄熙来は、まさにその野心の大きさゆえに、共産党内の政治闘争の哀れな失敗者の一人となったわけです。

副島　ああ、そういうことですか。次の重慶市の党委書記には、周強《しゅうきょう》（共産主義青年団中央書記）がなると報道されました。ところが彼はどうも固辞しているようです。この周強という若手は、私が第六世代として、さらに一〇年後（二〇二二年から）のトップになる人物として評価しています。今は湖南省長です。もう一人が、胡春華《こしゅんか》です。内モンゴル自治区の党委書記（トップ）です。

王立軍の逮捕劇で重要な役割を果たした、もう一人が賀国強《がこくきょう》です。賀国強は中央政治局常務委員で、中央規律検査委員会書記です。党内の序列は第八位で、彼が党の幹部たち数十人の昇進の通信簿をつける地位にいます。賀国強は共産党内部の恐ろしい検察官のような役目を握っています。

石平　ここが汚職を摘発するポストです。

副島　この賀国強が胡錦濤派だということが、今度の事件ではっきりしましたね。そして共青団派（「団派《だんぱ》」という）のバリバリの周強が次の重慶市の党委書記につくならば、共青団系が力を盛り返したということになります。ということは、アメリカと綿密につながっているとされる上海閥（江沢民派）の曾慶紅・賈慶林らとの熾烈《しれつ》な闘いも起きているでしょう。上海閥がそう簡単に胡錦濤派に全面降伏するとはとても思えない。これからの動きを注視すべきです。

もう一つ、私が薄熙来事件でいちばん注目しているのは、張徳江《ちょうとくこう》（中央政治局委員。二〇一二年三月から副首相兼重慶市市委書記）という人物です。彼は薄熙来の後釜《あとがま》として重慶市の党委書記に就任しました。しかし、彼はもっと大物です。事件後、張徳江は吉林・浙江・広東の各省の党委書記（省のトップ）までやった男です。彼は何と、金日成総合大学を卒業しています。朝鮮人の血も混じっているということです。彼こそは、中国の秘密警察の最高幹部であり、もっとも恐ろしい人物だと思います。かつてのソビエトのベリヤ（スターリンが行なった大粛清の執行者。スターリンの死後は第一副首相）のような男です。

張徳江が上海閥のボスである曾慶紅と賈慶林を裏切って胡錦濤に付いたのでしょう。それでも、アメリカは上海閥とすごく仲が良い。上海に株式市場があり、お金の動きにいちばん精通しているのは上海人たちです。

ですから、上海閥は今後も王岐山《おうきざん》（二五人の政治局委員の一人）を中心にして、米国債を買い続けてアメリカを支えるというのが大きな狙《ねら》いです。ここに「G2《ジーツー》」と呼ばれる現在

共青団（胡錦濤）系と上海閥（賈慶林・曾慶紅）との闘い

共産主義青年団中央書記の周強

胡錦濤派の賀国強
（中央規律検査委員会書記）

張徳江
（中央政治局委員）

の世界管理の姿があります。「G2」とは「グループ2」で、アメリカと中国の二超大国で世界を運営していく、キッシンジャーとブレジンスキーの戦略です。

（このあと五月一六日に、重慶市党委書記には、姜異康《かんいこう》が急に任命された。姜異康は山東省党委書記で、まだ、四四歳。上海閥のドン曾慶紅の系列である。両派の妥協が成立したことを意味する。）

地方幹部二人の「政策論争」など、共産党政権史上、前代未聞の事件

石平　今度の政変は、アメリカの民主党と共和党の政策論争が中国で再現されたかのような面白い光景です。「政策路線は党中央が決める」という政治原則が徹底している中国の今の専制体制下で、薄熙来と汪洋という地方幹部の分際の二人が「政策論争」を堂々と行なったのは、共産党政権史上、前代未聞のことです。

これもまた、中国の時代的変化の兆しの一つでしょう。論争が行なわれた背景には、共産党政権の抱える深刻な国内危機があるからです。かつての毛沢東時代は、「社会主義的平等」を標榜《ひょうぼう》して徹底的な経済統制と思想統制を行ないました。その結果、国の経済が破綻《はたん》して、国民全員が「平等の貧困」に喘《あえ》ぐことになりました。

三〇数年前（一九七九年から）の鄧小平の改革開放政策の中で、市場競争の原理の導入に

より、経済が急成長を成し遂げた。その反面、貧富の格差が極端に拡大し、官僚の腐敗も蔓延《まんえん》した。それで国民の不満が日増しに高まっています。

薄熙来は、まさに鄧小平の改革開放政策による格差の拡大がもたらした民衆の不満を利用して、自分の人気拡大作戦を展開しました。王立軍事件をきっかけに露呈した薄熙来自身の廃頽《はいたい》は、「分配の平等」を唱えて貧困層に媚びるような「大衆路線《ポピュリズム》」の破綻をも意味しています。

薄熙来と汪洋との「政策論争」には一応の決着が着いたが、問題はこれで解決されたわけではありません。貧富の格差の拡大に対する民衆の不満をどのようにして解消していくのか。これが依然として共産党政権にとっての重要な課題だと思います。

次章では、中国共産党のトップ人事を巡る権力闘争と、ポスト胡錦濤体制の行方を語り合いましょう。

第1章

これから中国共産党政権はどう変わる？

中国共産党のトップ人事を巡る権力闘争の実像

中国共産党政権の幹部人脈の「善人」と「悪人」

副島　次は、中国共産党政権の幹部人脈、トップ人事についてです。大きな歴史の流れの中で、中国が世界に台頭するのかなどを論じましょう。

トップ人事では、私は単純な発想をして、中国共産党の歴代幹部たちをあえて48～49ページの図のように「善人」と「悪人」の二つに分けました。そのほうが日本人にサラッとわかってもらえるからです。わかりやすいのが何よりですから。

まず、鄧小平《とうしょうへい》派を「善人」として、上海閥の江沢民《こうたくみん》派を「悪人」とします。彼らに連なる人脈も大胆に二つに分けます。皆から笑われましたけれど、この「善人」と「悪人」という形がかえって正確な理解かもしれないのです。

たとえば、朱鎔基《しゆようき》という前首相は立派な人物でした。それでも江沢民が育てた上海人です。アモイ事件（遠華《えんか》密輸事件）という重大な事件がかつてありました。一九九六年から一九九九年にかけて、遠華電子有限公司という貿易会社が、福建省の大きな港町のアモイ（廈門）で、約八〇〇億元（一・二兆円）の巨額な関税の脱税をした事件です。この事件には江沢民と息子の江綿恒《こうめんこう》が関わっていたとされます。もし当時、このアモイ事件が完全に摘発されていたら、上海閥は全滅だったでしょう。

何と朱鎔基首相が呉官正《ごかんせい》（元・中央政治局常務委員。中央規律検査委員会書記）に命じて、この密輸事件を徹底的に調べさせました。自分を抜擢してくれた江沢民の悪事がバレかかりました。それで、江沢民派は必死になって防衛しました。このとき、習近平《しゅうきんぺい》をアモイ副市長や福建省長に任命して事件を抑え込みました。調べていた呉官正のほうが先に失脚しました。

石平　呉官正は失脚というか、定年で政界から去ったのです。

副島　その呉官正が、私がどうしても知りたいと思っている重要な職である「中央規律検査委員会」の書記トップに就いていました。実は、この中国共産党の「中央規律検査委員会」というのは、ものすごく大事な国家組織と思うのですが、石平さん、教えてください。

今、注目されている「中央規律検査委員会」の役目

石平　副島さんはすごくよいところに目をつけられました。というのは、今、中国共産党内部でこの「中央規律検査委員会」の書記のポストほど重要なものはないからです。どういうことかというと、今日の中国では、政治闘争の形がかつてとは変わりました。毛沢東時代には、政治闘争で相手をやっつけるためには、いわゆる「路線批判」が行なわれました。

善人（聖人君子）

真面目な改革・開放派。貧富の差を抑える派

【鄧小平（が育てた）派】

…しかし台湾・香港の華僑主流（客家《はつか》、幇《パン》）が応援している。内心の民主派。

鄧小平《とうしようへい》（テンシャオピン　1904～97）……生涯に３回の失脚を乗り越え、史的唯物論の視点に基づく「改革開放」政策によって、中華人民共和国の市場経済化に着手した。1978年に復活して、死ぬまでの1992年まで、事実上の中華人民共和国の最高指導者であった。

趙紫陽《ちよう しよう》（ツアンツーヤン　1919～2005）……「第二世代」の政治指導者として国務院総理（首相）、党中央委員会総書記などを歴任。1989年の天安門事件で失脚。2005年に亡くなるまで軟禁生活を余儀なくされた。

万里《ばんり》（ワァンリー　1916～）……国務院副総理。趙紫陽内閣発足にともない常務副総理（第一副首相）に昇格。中央政治局委員、中央書記処第一書記。

喬石《きようせき》（チャオシー　1924～）……常務委員会委員長（国会議長に相当）、党中央政治局常務委員などを務めた。

朱鎔基《しゆよう き》（チューロンチー　1928～）……国務院総理（首相）、党中央政治局常務委員などを務めた。大胆な経済改革は国内外から高く評価された。

陳希同《ちんきどう》（ツエンミートン　1930～）……李鵬内閣において国務委員（副首相級）。天安門事件では、学生たちの鎮圧を実行した。中央政治局委員、北京市党委書記。

李瑞環《りずいかん》（リールイホアン　1934～）……全国政治協商会議主席、党中央政治局常務委員。２期10年を務めた主席から退き、政界から引退した。

呉官正《ごかんせい》（ウーカンハン　1938～）……党中央政治局常務委員。党中央規律検査委員会書記。武漢市長を務める。胡錦濤とは学友、曾慶紅とは同郷の関係にあり、清廉であり、中道派の人物として各派に中央規律検査委員会の責任者として受け入れられている。

温家宝《おんか ほう》（ウェンジャボウ　1942～）……党中央政治局常務委員。党内序列は第３位。2003年から首相を務める。中国共産党の第四世代では胡錦濤国家主席とともに重要な位置を占める。

『中国 赤い資本主義は平和な帝国を目指す』（ビジネス社刊）より作成

●中国共産党の幹部人脈

悪人（現実重視保守）

大金持ち優遇・重視、腐敗容認。現実重視・保守派

【上海閥】…アメリカ（ロックフェラー財閥）が背後から応援。

江沢民《こうたくみん》（ジャンツーミン　1926〜）……鄧小平引退後の中華人民共和国の最高指導者で、中国共産党中央委員会総書記、中華人民共和国主席、中国共産党中央軍事委員会主席、中華人民共和国中央軍事委員会主席を務めた。

楊尚昆《ようしょうこん》（ヤンシャンコン　1907〜98）……軍人。国家主席、党中央政治局委員、党中央軍事委員会第一副主席などを歴任。長征経験者。

李鵬《りほう》（リーパン　1928〜）……国務院総理（首相）、全国人民代表大会常務委員会委員長（国会議長に相当）、中国共産党中央政治局常務委員などを務めた。

羅幹《らかん》（ロークアン　1935〜）……中央政治局常務委員（序列第９位）、中央政法委員会書記。末席ではあるが司法・公安（警察）を束ねる党中央政法委員会書記を兼務し、権力は大きい。

薄一波《はくいつぱ》（ボーイーボー　1908〜2007）……国務院副総理、中国共産党中央顧問委員会副主任などを務めた。中共八大元老の一人とされている。

息子・薄熙来《はくきらい》（ボーシーライ　1949〜）……中央政治局委員、前重慶市委書記。父は副総理などを務めた薄一波。2009年７月より市公安局などを巻き込んだ大規模汚職事件の摘発に乗り出し、1500人以上を摘発した。2012年３月15日、腹心だった王立軍の米国総領事館駆け込み亡命事件により、電撃的な解任をされた。

曾慶紅《そうけいこう》（ツンチンホン　1939〜）……国家副主席。党中央政治局常務委員。中国共産党では「第四世代」の指導者。「第三世代」の最高指導者を務めた江沢民から大きな信頼を得ていた。2007年の第17回党大会で、政治局常務委員を自ら降りる替わりに、習近平を次の国家主席にする確認を勝ち取った。

賈慶林《かけいりん》（チャンチンリン　1940〜）……人民政治協商会議全国委員会（全国政治協商会議）主席。党中央政治局常務委員。

賀国強《がこくきよう》（ホークオチアン　1943〜）……党中央政治局常務委員、党中央規律検査委員会書記。党内序列は第８位

周永康《しゆうえいこう》（チョウヨンカン　1942〜）……党中央政治局常務委員、党中央政法委員会書記、党中央治安綜合治理委員会主任。党内序列は第９位。

路線批判とは、「お前の考え方は間違っている」、あるいは、「お前は資本主義に侵されている」「お前は革命の裏切り者だ」という具合に、相手をイデオロギーで叩きました。しかし、毛沢東時代が終わり鄧小平時代には、そういう路線批判が通用しなくなりました。今日では中国の党内闘争がどういう形で行なわれるかというと、相手の汚職を摘発し、攻撃するのです。

副島　なるほど。

石平　要するに相手の「金銭スキャンダル」の証拠を掴《つか》んで攻撃するのです。中国共産党の党内での汚職の摘発は政治闘争なのです。つまり汚職を見つけて相手を叩く。

副島さんのご著書の中に出てくる陳希同《ちんきどう》（北京市長を経て中央政治局委員。天安門事件では学生を弾圧して功績が大きかったものの、江沢民派に無視された）は北京市長をやっていたのですが、彼は江沢民派の逆鱗《げきりん》に触れて失脚しました。江沢民派は陳希同を追い落とそうとしましたが、政治思想で攻撃するのは無理だったので、彼の汚職を見つけて攻撃しました。このときから、党内闘争の要となるのは、汚職の摘発です。その幹部の汚職の摘発の元締め（国家機関）が、副島さんが指摘された「中央規律検査委員会」なのです。

副島　ところが今は、江沢民派のはずの賀国強《がこくきょう》がこのポストにいます。

石平　そうです。彼は江沢民のバリバリの子分です。だから胡錦濤（国家主席）たちも政

2007年11月21日に決まった中国の最高指導者たち

第17回党大会で決まった人事（○善人　×悪人）　　副島隆彦作成

No.1　○胡錦濤《こきんとう》（フーチンタオ　1942〜）…**党総書記、国家主席、中央軍事委員会主席**
（共青団出身。チベット自治区党委書記のとき、弾圧もやって評価された。鄧小平が選んだリーダー）

No.2　×呉邦国《ごこくほう》（ウーバングォ　1941〜）…**全人代常務委員長（国会議長）**
（元々、上海閥だったのに、胡錦濤にもすり寄って延命している No.2。どっちつかず。風向き次第）

No.3　○温家宝《おんかほう》（ウェンジャボウ　1942〜）…**国務院総理（首相）**
（善人〈中国伝来の聖人君子〉の代表。善人・胡耀邦の側近だった。1989年6月天安門で趙紫陽書記とともに民主化運動の学生たちを見舞って手を取り合った。趙紫陽は失脚したが、彼は人格と誠実さで生き残った）

No.4　×賈慶林《かけいりん》（チャンチンリン　1940〜）…**中央政治局常務委員**
（悪人の代表。江沢民の子分。泥臭い現実主義政治家。中共大富豪たちの守護神。福建省長時代にアモイの密輸事件の真の頭目）

No.5　×李長春《りちようしゆん》（リーチャンチュン　1944〜）…**中央政治局常務委員**
（現実主義だが、胡錦濤派にくっついて生き残るだろう。しかし江沢民＝習近平派だ。国家副主席を狙う）

No.6　×習近平《しゆうきんぺい》（シージンピン　1953〜）
…**国家副主席。奥さんは軍楽隊美人歌手の彭麗媛《ほうれいえん》**
（上海閥・太子党の若き頭目。No.7の李克強と次の総書記を争う悪人若手のリーダー。父親の習仲勲が文革で失脚して、自分も農村で百姓をして苦労した。アモイ密輸事件の摘発の拡大を上から押しつぶす任務を立派に果たして、江沢民ら悪人に可愛がられている）

No.7　○李克強《りこくきよう》（リークーチアン　1955〜）
…**国務院副総理（第一副首相）。次のホープ。鄧小平が育てた遺産。**
（善人。最高指導者になるべき人。人間が良いから、戦争とか民衆弾圧とかできない。戦乱の時代だと悪人に負ける。北京大学時代に民主化運動のリーダーたちと見知っている。気持ちは民主化をすすめたい）

No.8　×賀国強《がこくきよう》（ホークオチアン　1943〜）…**中央規律検査委書記**
（胡錦濤・温家宝を裏切ったようだ。共青団を江沢民派に寝返らせる任務を負っている。中央規律検査委書記になったので、江沢民の息子ら腐敗汚職派を逮捕させないための最重要人物。曾慶紅の隠れ子分）

No.9　×周永康《しゆうえいこう》（チョウヨンカン　1942〜）…**中央政法委員会書記（公安相）**
（悪人。曾慶紅が置き土産した子分。大慶油田等を管理した国務院石油派。2005年の反日デモを厳しく取り締まった公安警察のトップ）

胡錦濤政権の主要メンバー

胡錦濤（国家主席）

習近平（国家副主席）
→次期、国家主席候補

温家宝（首相）

李克強（副首相）
→次期、首相候補

権トップの座にあるのに、結果的に江沢民派の風下《かざしも》に立たされたまま、苦慮しています。
この中央規律検査委員会書記のポストを握ることからくる影響はかなり大きいです。

副島　ああ、そうなんですか。ということは、その次のトップNo.9の中央規律検査委員会書記も重要だということですね。ここも内部の恐ろしい統制機関ですね。

六年前に私が書いた本では、国務院総理となった温家宝が、自分たち国務院の直属の検察官制度をつくったのではないかと予測しました。三年前の二〇〇九年七月にウイグルのウルムチで起こったウイグル族の暴動（一般市民ら一四〇人が死亡、少なくとも八二八人が負傷したと報じられた）のときに、温家宝が支配する国務院自身の警察部隊がいて、それが直接、ウルムチまで出動したのではないかと思いました。

石平　そこはちょっと私にはわかりません。中国の司法や警察の総元締めは、「中央規律検査委員会」とは別個に、今出てきた「中央政法委員会」であり、ここが警察機能のすべてを握っています。

副島　そうなのですか。やはりこの「中央政法委員会」もポイントですね。その「中央政法委員会」と「中央規律検査委員会」とは、どのような関係になるのですか。

裁判官や検察官の人事まで支配する「中央政法委員会」

石平　「中央政法委員会」は党の内部の取り締まり機関です。そうでありながら中央政法委員会が警察力まで持っていて、社会全体を取り締まります。だから、秘密警察である公安部や武装警察もすべてこの中央政法委員会の指揮下にあります。

副島　ああ、そうなんだ。それで、一九八三年に公安部から分かれてできた、アメリカのＣＩＡに相当する組織が安全部でしょう。安全部も軍服を着るようですね。

石平　いいえ、軍服は着ていないと思います。

副島　公式の場面では軍服を着ると聞いています。

石平　それは軍の安全部でしょ。軍の安全部と党の安全部は異なるのです。

副島　ああ、そうなんですか。私の知識が混乱しているのでしょう。私はアメリカのＣＩＡ（米中央情報部）が米国務省（日本の外務省に相当）の一部（外局）として存在していることを知っています。それなのに国家情報（スパイ）組織であるので、軍隊（軍人）と混ざって特殊部隊をつくります。

この中央政法委員会が恐ろしいのは、もっとわかりやすく言うと、中国では裁判官と検察官、警察官がはっきりとは分かれていないからではないかと思います。

石平　そこが中国共産党の体制です。要するに、検察と警察が同じ党の機関ということです。ですから、そこに睨まれたら終わりなのです。欧米の法治社会の常識からすれば笑い話になります。つまり、検察と警察が同じ家族なのです。

副島　今の中央政法委員会書記のポストは、上海閥の周永康《しゅうえいこう》（中央政治局常務委員を経て、党中央政法委員会書記）が握っているのですね。彼は曾慶紅《そうけいこう》（元国家副主席、党中央政治局常務委員）の部下で、とても悪い奴です。政治犯に対して拷問もする恐ろしい人物です。ただし、薄熙来事件で一緒に失脚したらしいです。

石平　党内の取り締まりと民衆の取り締まりの両方ともを、つい最近まで上海閥である江沢民派が握っていたのです。だから上海閥は強かったのです。胡錦濤派の人たちはビビっていました。大体、今の党の高級幹部の身辺を探れば、たとえ自分は不正蓄財をやらなくても親族の誰かがやっています。

副島　ところが、二〇一二年三月の全人代で、これからどの若手を出世させるかの通信簿というか、細かく調べ上げた能力評価を行なっている係は、確か胡錦濤派の人ですね。

石平　中央組織部長の李源朝《りげんちょう》が、バリバリの胡錦濤派で共産主義青年団の大幹部です。共産党員幹部の人事審査や抜擢は李源朝によって決まるのです。ただし彼が行なえるのは、中央政治局委員から下の人事だけです。トップの九人である中央政治局常務委員の人事に

中国政局の鍵を握る中央規律検査委員会と
中央政法委員会

中央規律検査委員会書記の
賀《が》国《こく》強《きよう》

中央政法委員会書記に
ついた周《しゆう》永康《えいこう》

中央組織部長の李《り》源《げん》朝《ちよう》

は彼は関われません。現在、政治局常務委員は九人、政治局委員は二五人、中央委員は二〇四人、中央委員候補は一六七人です。

中国の次の総書記（国家主席）のポストや総理（首相）のポストはほぼ決まっているので問題はありません。これから問題となるのは、№8と№9にあたる公安（中央政法委員会）と党内の取り締まり（中央規律検査委員会）の最高ポストを誰が握るかです。ここで熾烈な闘争が起きているはずです。

はっきり言って、党内の権力闘争としては、総書記や総理大臣に誰がなってもよい。中国の総理大臣は温家宝を見ればわかるように、党内ではほとんど力がありません。総理大臣はそのくせ、いちばんしんどい地位でもあります。とくに経済運営の担当ですから、権力がなくて仕事だけがきついのです（笑）。

だから、今、トップたちが狙っているのは総理大臣のポストではない。総理大臣のポストは、これからは貧乏籤《くじ》かもしれません。皆が狙っているのは、副島さんも指摘された、中央規律検査委員会書記と中央政法委員会書記のポストです。これに誰がなるかは、今年（二〇一二年）の一一月の党大会までまったくの白紙です。

地方の幹部が中央政府と睨み合う——共産党創立以来、初めての政治闘争

石平　序章でも述べましたが、薄熙来《はくきらい》と汪洋《おうよう》の対立は、中国共産党政権が成立して以来、前代未聞の新しい形の政治闘争でした。中国共産党の統治のスタイルが大きく変わりつつある事例と言ってよいでしょう。

副島　汪洋は重慶のあと、広東省の党委書記になりましたが、広東省が世界大不況の同時株安で、輸出産業がバタバタと何万社も潰れたりして、彼の積極政策は失敗してしまいました。広東まで温家宝や胡錦濤が助けに行ったりしたのですが、先進地帯である広東省の地価と住宅価格は大きく値下がりしました。去年（二〇一一年）の中国の住宅バブルの弾《はじ》けの打撃は、広東省が上海、北京よりもいちばん大きかったようです。

石平　確かに、現在、汪洋の立場が危ないです。そこで、汪洋はどのように挽回《ばんかい》を計っているかというと、最近突然、彼は政治改革を言い出したのです。経済政策で失敗したまま、上に上がることは無理です。今回、汪洋は「政治改革」という別の旗印を掲げ始めました。これから面白くなってくるのは、北京の中央政府の内部ではなく、地方の党内勢力の動きです。

薄熙来は毛沢東の旗印を持ち出して失敗し、汪洋はかつての趙紫陽《ちょうしよう》〈国務院総理〈首相〉。

一九八九年の天安門事件で失脚。二〇〇五年に亡くなるまで軟禁生活を余儀なくされた）よりも過激な政治改革のスローガンを掲げ始めたのです。

副島　「民主化」を持ち出したのですか？

石平　いえいえ、民主化ではありません。民主化を唱えたらそのまま、消えてしまいます。

副島　中国では、「民主化」という言葉は、それほど恐い言葉なのですか。

石平　そのとおりです。中国では、民主化はすなわち、学生運動やブルジョワ用語だと思われるので、絶対にこの言葉を使いません。だからその代わりに「政治改革」という言葉を使うのです。

薄熙来が電撃的な失脚に遭う前に、中央政府を出し抜いて、自分たちだけで論争を始めました。地方政府の両雄がそれぞれ別の旗印を掲げて争い出したのです。しかもこの二つの旗印は国内でそれぞれ一定の支持を得ていました。この二人、薄熙来と汪洋は、民衆の支持を取り付けながら、中央へ攻めて行くという、ある意味では、変わった形の民主化を始めていたことになります。

副島　なるほど。二人とも民主化という言葉を使わないで、中国民衆を自分の味方につける運動をしたのですね。

石平　そうです。薄熙来は毛沢東の時代の手法、すなわち民衆の激しい不満から生まれた要求を、自分が代表する形での民主化政策を取りました。
副島　今度の薄熙来の失脚は石平さんの予測どおりでしたか。
石平　ハハハハ。電撃的に薄熙来は解任されましたが、中国の今後の行方は恐らく経済状況次第だと思います。

温家宝首相の経済政策《エコノミック・ポリシー》は間違っていなかった

副島　経済の話に移すと、私は中国が迫り来る世界恐慌を上手に生き延びるというか、乗り越えていくと見ています。

今も中国の上海株の総合指数は下がっています。そのうち二三〇〇を割り、二〇〇〇まで行くでしょう。上海総合指数は、リーマン・ショックが起きた年（二〇〇八年九月）の翌二〇〇九年一月に、七〇〇〇台から一六〇〇台まで落ちました。五分の一にまで暴落しました。でも、今度はそこまでは落ちないと私は見ています。なぜなら、すでにさっさと二〇〇〇台まで落としてあるので、これから先の下落幅は小さい。中国政府は、わざと意識的に株価を落としている。上海株式は最高値では七二五〇まで行きました。今は二三〇〇くらいです。

私は、温家宝首相の経済政策《エコノミック・ポリシー》は間違っていなかったと思います。この八年間で中国は巨大な成長を遂げました。それでも中国ではインフレが激しいのと地価・住宅の狂乱的な上昇が今も悩みのタネです。二〇〇九年に、鉄筋アパートの価格が激しく上昇し、このまま消費者物価が上がって、さらに不動産価格が上がったら、温家宝は失脚とまで言われていました。

ところが、その後、厳しい金融引き締め政策に転じ、温家宝は株価と不動産価格の両方を計画的に暴落させました。バブル経済をものの見事《みごと》に、政府の主導のもとに抑え切りました。バブルが無計画に弾けると大変なことになり、その国の経済は大混乱します。一九九〇年からの日本経済はひどいものでした。それに対して、計画的に実に周到に、株価と住宅価格の両方を下落させたという結果から判断して、私は温家宝と李克強（副首相）は勝ったと思っています。かつ、二〇一一年一一月頃から中国では物価がどんどん下がっているという情報が出ています。事実、二〇一一年一〇月に私が中国に行ったら、確かにそのような状況でした。

経済政策は大きく二つに分かれます。

①金融政策（マネタリー・ポリシー）と、②財政政策（フィスカル・ポリシー、あるいはファイナンシャル・ポリシー）です。中国（人）はこの二つの重要な経済政策をゴチャマゼにしませんでした。徹底的に厳しくケインズ経済学（唯一のマクロ経済学。国民を食べさせる

経済学）を正しく実行しました。そして今の中国の大繁栄があります。

中国（人）は、自分たちが九〇年間、宗教の経典のようにして拝み尽くした共産主義思想（マルクス主義）のダメなところを死ぬほど考え抜いたのでしょう。その地獄の苦しみがあってこそ、資本主義経済（ケインズ経済学）のすごさを体現したのでしょう。ここに人類史上の巨大なパラドックスがあります。

今の中国でも、小学生時代から、マルクス主義の授業があって、すべての中国人が死ぬほど嫌っています。今の中国共産党の幹部にまで出世した抜け目のない人々でも、腹の底では共産主義の強制的な叩き込みを心底嫌悪しています。巨大な皮肉と言えましょう。

ところで、胡錦濤と温家宝は仲が悪いのですか？

石平　いやー、そんなことはないです。

副島　そうですね。二人とも鄧小平が見込んで、「我慢せよ」と教え込んだ人物ですから。

李克強が次の首相とほぼ決まりました。そうすると、李克強は習近平と競争しながら、七〇〇〇万人の共産党員を掌握しなければならない。ただし、やり過ぎてもいけない、かつ、民衆の支持も取り付けなければいけない。

私が外側から見ていると、胡錦濤や李克強ら共青団系（団派《だんぱ》）は、温家宝にことさら民主化らしきことを言わせて彼を孤立させながら、自分たちの体制を整え、成長経済（繁栄）

をまだまだ続けていくつもりでしょう。ただし、胡錦濤たち共青団系は民主化を口では絶対に言いません。

現在の共産党政府は、地方が中央の言うことを聞かないという悩みを持っている。それを中央からの人事（権）で押さえつけて統制している。地方の党幹部たちの腐敗はものすごい状況です。一人頭、何十億円も貯め込んでいるようです。その一方で貧富の格差を呪い、民主化を渇望している中国知識人たちですら、良い生活をしたい、お金が欲しいという状態です。

石平さんが、『中国経済がダメになる理由』（三橋貴明氏と共著・PHP研究所刊）という本で、「サブプライム・ローンの問題」のところでお書きになっていました。「二〇〇九年には、中国の北京大学の教授たちまでが、不動産投資の話ばかりしていた」とありました（笑）。その頃、中国で不動産（アパートの一戸）を買えば、実際に二～三倍になったのですから。

知識人たちを籠絡し腐敗させた中国共産党

石平　中国の知識人に関しては、この二〇年以来、大きな変化がありました。中国の知識人は私自身を含めて、天安門事件（一九八九年六月四日）当時は、精神的なものを求めて自分の主張を通そうとしました。そして失敗しました。反体制派（反共産党）であった大半の知識人が天安門事件で消えていなくなりました。昔は反体制派であった知識人が、今はバリバリの洋務派（国力の増強を図ることに協力する海外留学組）になっています（笑）。

どうしてこうなったかというと、共産党のほうが上手《うわて》だったからです。共産党は知識人たちを籠絡《ろうらく》したのです。要するに腐敗させたのです。知識人たちに経済的な利益を与え、政治的なポストや利権を与えたのです。留学から帰って来た人々に、いろいろな恩典を与えて取り込んだ。そして、「お前たちは、もうこれからは共産党の腐敗と独裁を批判してはいけない。今度はお前たちに独裁の権力という特権を分け与える。お前たち自身が特権を享受している以上、もう共産党を批判できない」と籠絡したのです。

天安門事件以来、共産党はこういう戦略を見事に実践してきました。

副島　そのいちばんの代表はどういう人ですか？　北京大学学長ですか？

石平　ええ、そういう者たちです。たとえば今、中国で有名な人に、北京大学の教授で自称、孔子の七三代目を名乗っている孔慶東《こうけいとう》という人がいます。彼は天安門事件のときはバリバリの民主化運動をしていた学生でした。私と大体、同年代です。今は代表的な政権体制派です。口を開ければ、「民主化」を罵倒《ばとう》する。彼からすれば民主化を行なう者はすべて売国奴扱いです。今や政権内で有名になっています。最近でも、彼はテレビ番組で〝香港人はイヌ〟と罵倒し、香港人の強烈な怒りを買いました。これはホンの一例です。

副島　その孔慶東という人は誰の子分ですか？

石平　彼は誰の子分というより、政権の体制全体から利権を与えられたのでしょう。これが先ほど、副島さんが指摘された知識人の典型的な堕落です。

副島　私が聞いたことで、「回亀派《かいき》」と呼ばれる海外留学組のエリートたちの話があります。彼らはたいていは大学教授とかになるのでしょう。しかし、外国の大学で弁護士資格を持って帰って来た人々は、いわゆる民主派が多い。彼らは、農民たちや都市部で苦しんでいる庶民のために裁判で闘っているようです。ですから、腐敗しないで理想を貫いている人権派の人々も増えています。

それでも留学組が帰国すると、優先的に都市戸籍（北京や上海の市民になれる）を貰《もら》える。この特典の付与はすごい力を持つようですね。いくら内心の民主派、人権派でも蕩《とろ》けてしまうようです。

温家宝首相の金融緩和、財政出動政策がインフレや不動産バブルを起こした

石平　先ほど、副島さんは、今の中国の経済政策で、結果的に温家宝たちが勝ったと言いました。確かに、経済の変動を政治動向の関数としてとらえることには一理があります。

しかし、私は必ずしもそのようには見ていません。政治的関数といえば、今の経済政策での対立は、温家宝と江沢民派の対立というよりも、実は温家宝（首相）と李克強（副首相）の対立だと見るべきです。

副島　ホーッ。それはどういうことですか。

石平　簡単な話です。温家宝が在任中の経済政策は、問題を先延ばしにすることでした。その場しのぎの経済政策をとることばかりしました。経済（景気）の指標が悪くなるとすぐに財政出動を行なう。経済（景気）の先行きが危うくなると、すぐに金融の緩和を行なう。そしてインフレになればまた、金融の引き締めを行なうという具合に、後のことを考えていません。

とくに温家宝のやっている金融の緩和とか財政出動という政策は、かえって中国社会に大変なインフレを起こす原因になっています。また彼の金融政策によって不動産バブルが膨《ふくら》みました。

そうすると、次の首相になる李克強の立場から考えれば、問題は明白です。李克強がいちばん恐れているのは、温家宝のやったことのツケが全部、自分に回ってくるということです。不動産バブルが自分の代になって崩壊することが彼にはいちばん恐ろしい。李克強からすれば、温家宝はほんとうにケシカラン存在なのです（笑）。良いところ、うまいところを全部自分が取って、ツケは、李克強のほうに回すのですから。李克強は首相になったら一〇年間、経済を担当しなければならないのです。

李克強には見えているのです。不動産バブルを今のうちに潰さないままにしておけば、自分の代になって必ずバブルが崩壊するだろうと。だから、どうせ不動産バブルが崩壊するのなら、今のうちに、自分が首相に就任する前に、全部膿《うみ》を出し切っておきたいと考えているのでしょう。

ですから、今、政府が金融の引き締めやバブルを崩壊させるという政策を取っているのは、私の見る限り副首相の李克強のほうです。また、李克強は胡錦濤に直訴《じきそ》して、「私の考えていることを認めてくれなければ、もうやっていけません」と。こうやって胡錦濤の支持を取り付けて、金融の引き締めの方向に走っているのです。

副島 だから、今、中国政府は金融を引き締めたまま、なかなか金融緩和をしようとしないのですか。

石平 温家宝は、金融緩和をもう一回、やりたくてしようがないのです。というのは、温家宝の首相の任期はあと一年間もないですから。この任期内に経済がこれ以上悪化したら、自分の責任になる。

副島 確か、昨年、朱鎔基《しゆようき》(前国務院首相。中央政治局常務委員。二〇〇三年に退任)が出てきて、「さっさと金融緩和をやれ」と言って、温家宝とケンカしていました。

石平　朱鎔基はまた別です。確かに朱鎔基が出てきましたが、それは温家宝が自分の経済政策の失敗を全部、前任の首相の朱鎔基になすりつけたからです。「朱鎔基がやったことだから、俺にはどうしようもなかった」という言い訳です。中国共産党の歴代首相の流れを見たとき、まず考えていることは、皆第一に自己保身です。温家宝の政策はあまりにも明白で、とにかく自分の任期内に、経済を悪化させてはならない。自分が退任したら「後はどうなろうと、俺の知ったことではない」というところです（笑）。

二〇一一年一二月一二～一三日に、中国で「中央経済工作会議」という会議が開かれました。そこで出された結論は、結局は玉虫色で、要するに「李克強の言い分を取り入れながら、温家宝の言い分も取り入れる」というものでした。それでは大論争が起きたのかというと、そんなこともありません。恐らく野田首相の中国訪問が延期になったのは、これとの関係でしょう。

私は、今の中国経済政策の現状はこのようなものと見ています。

ポールソン元財務長官はなぜ金融政策で王岐山《おうきざん》を重用したのか？

副島　温家宝や李克強の財政政策よりも、実は私は金融政策のほうをじっと見ています。

上海閥の王岐山（副首相）を操るポールソン元財務長官

ブレイナード米国財務次官（左側）と会談する王岐山副首相

中国経済に強い影響力を持つポールソン元財務長官（右は胡錦濤国家主席）

金融（お金）の流れは世界の金融と直結するからです。中国の金融政策は副首相の王岐山《おうきざん》（清華大学経済管理学院、中国金融学院教授。元北京市長。中央政治局委員）がやっていますね。

石平　王岐山は確かに金融のほうのプロです。

副島　そうです。彼は徹底した親米派で、アメリカとの付き合いは彼がいちばん深いです。いちばん大きなアメリカとのパイプは今も彼が握っているはずです。

石平　アメリカのオバマ大統領は王岐山をすごく買っていますね。

副島　ゴールドマン・サックス出身のヘンリー・ポールソンというこの前のアメリカの財務長官がとにかく王岐山を大事にしました。

石平　ここに政権交代の話を絡ませて見ると、確かに王岐山は李克強に取って代わって、自分が首相になれると思っていた。今も王岐山は温家宝の肩を持って、「金融緩和、金融緩和」と叫んでいます。王岐山にとっては金融引き締めや緩和などは二の次で、李克強を追い落とすために温家宝の肩を持っているのです。

副島　しかし、次の首相は李克強で決まりでしょう。

石平　いや、今、一つ面白い現象が起きています。びっくりするような現象です。李克強は副首相に任命されてから、発言も行動もできるだけ控え目にしています。

なぜなら、二〇一三年から自分が首相になると、経済がダメになるということを厳しく自覚しているからです。そこで、李克強が胡錦濤に直訴して出した条件は、「私をどうしても首相のポストにつけたいならば、私が就任する前にバブルを崩壊させてすっきりさせてからにしてほしい」というものでした。

本当は李克強は総書記（国家主席）の座を狙っているのです。しかし、総書記の座を狙っても、どうせ江沢民派から横車を入れられ、習近平に総書記の座は取られる公算が大きい。そうなれば、自分は首相にされる。ここで考えてみたら、首相になったら大変だということを李克強はわかったのです。

そこで、場合によっては総理にならなくてもよい、全国人民大会の委員長になれば、地位というか名誉は首相より上で、しかも何の仕事をしなくてもよい（笑）。要するに気楽なポストにつきたいと考えても不自然ではありません。

しかし、胡錦濤はそれを許さなかったのです。胡錦濤は、やはり、「お前が次の首相をやれ」と言いました。

副島　すごい話ですね。石平さんでなければこんな大柄《おおがら》の真実を日本人に教えてくれる人はいません。ほんとうに素晴らしい理解です。くだらない中国秘密情報の類よりもずっと大きく中国を理解できる。

李克強は「隠れ民主派」です。私はこのように考えています。李克強の北京大学時代の同級生たちは天安門事件の前には民主化運動をやっていたはずなのです。ですから、天安門事件（「六・四事件」という）のあと、学生たちは弾圧されて厳しく一人ずつ、思想と言動を調べられたはずです。李克強はここでボロを出していない。きわめて慎重に行動した秀才だったはずです。だから今の彼があるわけです。

それでも李克強の内心では、激しく中国の民主化を求めているはずなのです。これは私の当てズッポウと贔屓目《ひいきめ》かもしれません。だけれども、私はどうしてもこのように考えてしまいます。

その反面からの証拠があります。李克強に対しては人民解放軍がものすごく警戒していると言われ続けました。軍は民主化運動を弾圧した側ですから。

私にとっては、中国がいつ民主体制（デモクラシー）に移行するかが重要です。民主体制とは、複数政党制と普通選挙制のことです。この二つが実現すれば、中国も民主政治《デモクラシー》と言えるのです。私はその日が来るのは皆が思っているよりも早いと見ています。

ですから、李克強に対しては、人民解放軍が嫌がっているのでしょう。どうしても頑迷である軍人たちの動きをどこまで、実利派の上海閥が味方につけて掌握しているのかが、私には見えないのです。どちらの勢力も軍を恐がっているのではないか。

さらに改革派の軍人太子党という新種も出てきているそうです。

石平　いや、問題なのは人民解放軍のほうでも、誰を中心にして軍内部を統一したらよいかという意思の統一ができていないことです。軍の中でもすべての意見を集約できる実力者がいないのです。軍の将軍たちも言ってみればサラリーマン化していて、ボスがいない状況です。

副島　なるほど。やっぱりそうですか。そんな軍の状況では、国内というよりも外国からの大きな力が加わりやすい。その国に内部分裂を起こさせて、その国の国力を弱めるのが、外国の戦略です。それで、アメリカの力がその国のどこにかかっているのかに絞り込んで、私はいつもそこを集中的に分析すると決めています。中国国内での闘いについては、石平さんは冷静に分析していながら、実はあなたもその闘いの中に入っているのではないでしょうか。

石平　いやー、わたしはただの傍観者です（笑）。

副島　いや、どうしてもそういうものなのです。石平さんご自身も中国人なのですから、いくら日本人に帰化したからといっても、あなたはどうしても中国の動きの中に入っているのです。私だって日本の国内政治では、小沢（一郎）派系の言論人に入っています。そういうふうに括《くく》られてしまうものです。

外側から見る目は本人の主観とは別です。外側の目は冷酷です。外側からの目というものは、ものすごく冷たいのです。

石平　はっきり言って、私は今、日本人になっているから、中国国内の政治闘争は私に何の利害関係もありません。だから、私は冷酷であり得るのです。

副島　そうかもしれません。確かに日本人になってしまった石平さんは、中国のどこともつながる必要はない。ただ、中国の情報をどこがくれるかだけが問題です。それを私たち日本人はノドから手が出るほど欲しい。

国内騒乱の対応に精いっぱいな胡錦濤体制

石平　ここで私なりの結論を申し上げます。二〇一二年の秋には決まる政権交代に向けての権力闘争が起きている。その焦点は、総書記（国家主席）に誰がなるかの問題ではなく、№2の首相のポストと、先ほど出ました№8の「中央規律検査委員会書記」と№9の「中央政法委員会書記」のポストを誰が握るかです。

後者の二つのポストを握る人間が、むしろ、これからの中国の政界を動かすだろうということです。国家主席候補の習近平は、対立するどちら側でも受け入れて、バランスを取る役割りです。

副島　そうですね。習近平は胡錦濤から学んで、とにかく国内の安定が何よりとわかっているはずです。先日、私はNHKのBS放送でイギリスのBBC制作の番組を見ました。中国広東省の海辺の町の烏坎《ウーカン》という小さな村で、住宅地の開発のために強制的に住民たちを立ち退きさせた党の幹部たちの横暴と腐敗がありました。そこで、立ち退きに反対していた住民代表の一人が取り調べ中に殺されたので、住民たちが反乱を起こした。町をバリケードで封鎖して共産党員を追い出して、自分たちで選挙して町を統治していくという闘いを始めた。中国共産党の警部隊が周りを囲んでいました。今日、明日にも、警部隊が一斉に踏み込む感じでした。

ここで政府がどういう処理をするかが問われました。世界中にこの報道が流れました。

石平　中国政府の今までの伝統的なやり方では、そういう場合はまず上から鎮圧してコントロールします。その際、単なる暴動参加者は不問に付します。しかし、首謀者は必ず処罰されます。首謀者は秘密に捕まえたとしても悪評は広がらないのです。一般の人たちを不問に付せば、中国共産党も柔軟になったという評判が得られます。

副島　BBCの報道で取り上げられたこの町の騒乱にも北京の中央が出てくるでしょうか。

石平　中央政府は出ざるを得ないでしょうね。次の言葉は胡錦濤がアメリカ大統領に言ったという有名な話です。

「世界中で私たち中国が覇権を求めているように言われていますが、はっきり言って、私には覇権を求める気はありません。それには、時間がありません。私の時間の半分は国内騒乱の対応に費やさなければならないからです」と（笑）。

これはある意味では一面の真実を含んでいます。国内の暴動や騒乱に関しては、胡錦濤自らが細かく指示を出しています。一度、処理を間違えたら、動乱が一気に広がるのです。最近、広東省では、けっこう騒乱が頻発しています。広東省という地方は中国政府がすごく敏感に感じているところです。昔から反中国的な気運が生まれるところだからです。

副島　そうですね。広東省は古代から越《えつ》の国で、中央の言うことを聞かない独立国のようでした。その広東省で大事なのは、アップル社のアイフォンやアイパッドをつくっているフォックスコン（富士康＝鴻海《こうかい》精密工業。郭台銘《グオタイミン》会長）と、グーグルのアンドロイドOSを搭載するスマートフォンをつくっているＨＴＣ《エイチテイシー》（宏達電子。王雪紅《ワンシュエホン》会長）という会社です。どちらも台湾の会社です。ＨＴＣの創業者の王永慶《おうえいけい》は、台湾の松下幸之助と呼ばれた人です。ＨＴＣは現在、王永慶の娘の王雪紅が会長を務めています。このあたりの中国財界人たちは、これからどうなるのでしょうか。

石平　私は全然、その辺の事情はわかりません。

副島　この人たちは華僑（華人）扱いなのですか？　この他に中国共産党地方幹部上がりで、国営企業を民営化、私有化して成り上がった人たちもいます。チャイナ・テレコムの王暁初《ワンシャオチュー》とか、チャイナ・モバイルの王建宙《ワンジエンジョウ》、チャイナ・ユニコムの常小兵《チャンシャオピン》などの会長たちです。この人たちには、政治的な力は全然ないのですか？

石平　そうですね。今のところ北京の中央の政治闘争に影響を及ぼすほどの力はないと思います。

中国の財界人たちは、できるだけ政治に関与しないようにしている

副島　中国の政治問題を研究している人たちは、企業家や財界人たちの動きをあまり大事にしていないようですね。

石平　彼ら財界人たちも、よく弁《わきま》えています。自己保身のためにできるだけ政治に関与しないようにしているのです。党にとってもそのほうが都合がよいのです。彼らは用心深い。自分には富みがあるから、政治に関与したら身の破滅になるということをよく知っています。

たとえばプーチン大統領と対決して放逐されたロシアの大富豪であるオリガルヒ（ロシアの新興財閥）たちの二の舞にはなりたくないのです。そういう意味では中国の財界人は皆、老獪《ろうかい》です。できるだけ政治に関与しないようにしています。

副島　なるほど、だから中国は政治が上から経済を管理する独自の経済体制をつくってい

るわけですね。鄧小平が名づけた「社会主義的市場経済」ですね。ここでは資本主義という言葉は絶対に使わない。彼ら中国財界人は、中国人民政治協商会議（中国共産党、各民主党派、各団体、各界の代表で構成される全国統一戦線組織。全国レベルのほかに、地方の省、直轄市など各行政レベルにも設置されている）に大きくは入れられるようですね。

石平　もちろん、入ります。ただし、日本の経団連とはまったく異なり、共産党の指導下にあります。この政治協商会議の指導権を握っているのは、賈慶林《かけいりん》（全国政治協商会議主席。中央政治局常務委員）です。日本で言えば、経団連の会長がそのまま自民党や今の民主党の大幹部みたいなものです。

副島　この政治協商会議の「協商」という言葉に深い意味がありますね。ビジネスの業界はすべてこの組織を通して共産党の支配下に置かれているわけですね。たとえば中国最大の家電量販店の蘇寧《そねい》電器の張近東《チャンジンドン》は共産党の幹部たちに睨まれて投獄されたのですか。

石平　彼は睨まれました。彼は広東系だからです。共産党が政治的にいちばん睨んでいるのが広東系の起業家たちです。昔から広東系は独立精神が豊富で、常に中央と対抗してきました。孫文《そんぶん》の革命も広東から中央の北京に攻めて行きました。

副島　そうですね。孫中山《そんちゆうざん》は広東人です。私が中国研究を始めた一〇年前にわかったことがあります。一〇年前に私が中国に行ったときには、広東人はまだ北京語（普通語《プートンホア》）を

中国の財界人たちはできるだけ政治には関与しない

共産党の指導下にある中国人民政治協商会議

中央政治局でNo.5の実力者、
李長春

全国政治協商会議主席の
賈慶林

話そうとしなかった。ところが、五年前にはもう普通に話すようになっていました。

石平　それはどうしてかというと、実はそれを強制したのは、今、共産党政治局常務委員で№5の李長春《りちようしゆん》（中央政治局常務委員。中央精神文明建設指導委員会主任として思想を主管する）です。

彼は東北の満州の出身で江沢民派です。李長春は今、イデオロギーの宣伝の担当をやっています。かつて党委書記として、広東省に赴任しました。広東省の共産党委員会の会議では、地元の人々は、大体、広東語を話しました。そのとき、李長春が怒りだして、「ここは共産党の委員会だぞ。お前たち、広東語で話すのをやめろ。北京語でしゃべれ」と叫んだのです（笑）。

李長春がどうして上に抜擢されたかというと、江沢民の名代として広東省を抑えつけたからです。北京政府にとって、広東省を抑えつけるということはすごく大事なことなのです。そういう意味では、広東省の党委書記である汪洋も、胡錦濤に次の重要な役目を振り当てられてもおかしくはないのです。

副島　なるほど、これで広東省とは何かという重要な謎が解けました。私の中国研究にとっては、中国における言語の統一というのが、ものすごく重要な発見でした。私が、「中国がやがて世界を制覇する」という理論を提起したきっかけの一つが、北京語による言語面での国内統一が完成したことに気づいたことです。

今から七年前に私が上海に行ったとき、「われわれ中国人は世界に羽ばたく」というポップスの歌を、中国人歌手たちが皆で、北京語で歌っている場面をテレビで目撃しました。私にとっては目玉の飛び出すほどの驚きでした。

そのとき私は、中国は言語をついに統一したな、と強く思ったのです。そのとき、これで中国は「世界帝国《シージエディゴウ》」になると確信しました。世界帝国になる条件の一つを手に入れたと思いました。

第2章

ポスト胡錦濤《こきんとう》体制と中国共産党政治の行方

次期・習近平《しゅうきんぺい》体制と共産党政権の行方を巡って真っ向から対立

人民解放軍は国家の軍隊ではなく、中国共産党の軍隊

副島　石平さんはご自分の本で、胡錦濤《こきんとう》（国家主席）は人民解放軍の掌握もできず、中国はだんだん権力が複雑に分かれつつあるようなことをお書きになっています。私はそんなことはないと楽観しています。胡錦濤のあとは予定どおり習近平《しゅうきんぺい》が継ぐでしょう。

これからの中国政治がどうなっていくかを、お聞きします。

石平　胡錦濤と人民解放軍との関係について、私の考えを申し上げます。

中国人民解放軍のいちばん基本的な問題は、軍の統帥権に法律的根拠が何もないということです。ご存知のように、アメリカの場合は憲法に基づいて、選挙で大統領に選ばれた人が自動的に軍の最高司令官にもなります。中国にはそういうルールは成立していません。これまでずっと、共産党が軍を支配し、指導するというルールになっていました。しかし、このルールもその時々の党の力によって、異なっていたのです。

毛沢東《もうたくとう》時代は軍をつくったのは自分たちですから、彼はカリスマ的な指導者として崇《あが》められ、軍に対しても徹底的な支配権を持っていました。鄧小平《とうしょうへい》政権もまた、毛沢東と同じ世代の軍人たちに対して個人的な統帥力を持っていました。

しかし、天安門事件のあとに出来た江沢民《こうたくみん》政権の時代からだんだん、軍に対する統帥力

が変化してきました。江沢民のやり方は、軍に実利をもたらすことで、ご機嫌をとって軍の支持を得てきました。胡錦濤も大体、江沢民と同じようなやり方で軍を支配してきました。

しかし、共産党の最高指導者がサラリーマン社長のような時代になってくると、だんだん軍に対する統率力が弱くなってきた。これが現状だと思います。副島さんはどう見ておられますか？

副島　私も大枠は石平さんと同じ意見です。けれど、かつて趙紫陽《ちょうしよう》（首相、党総書記。一九八九年の天安門事件で失脚）が鄧小平に育てられて総書記まで務めて偉かった。それなのに、天安門事件で劇的に失脚しました。その前の胡耀邦《こようほう》総書記とともに、民主化を推進する学生たちの肩を持っていました。二人とも現実政治の恐ろしさ、人間という生き物の真の醜さを知らなかった。今にして思えば、とても大国中国を治めていくだけの器の人間たちではなかった。私はこのことは、この二人への深い敬意とともに言っておかなければならない。

趙紫陽が死ぬ間際にしゃべった内容が香港に持ち出されて、『趙紫陽 極秘回想録』（趙紫陽、バオ・プー、ルネー・チアン、アディ・イグナシアス〈著〉、河野純治〈訳〉、光文社刊）として出版されました。趙紫陽はその本の中で、「人民解放軍を正しく国家の軍隊にするべきである。共産党の私党のままであってはいけない」と遺言していたのです。

外国人である私たちから見ても、確かにこのことは国家体制上の大きな問題なのでしょう。しかし、それがどれほどに切実なことであるかがわからないのです。

石平　軍が共産党の私党であるということは、国家体制上、異常な独裁体制です。胡錦濤体制がどうであり、次の習近平体制がどうなるかという個別の問題よりも、党と軍の関係がこれからどうなるかのほうが大事なのです。

習近平《しゅうきんぺい》が国家主席になっても江沢民と同じ形の兵力温存政策を取る

副島　現実問題としては、中国解放軍の制度の枠組みや形がきちんとしているかよりも、中国の軍がクーデターを起こしたら、ほんとうに共産党の幹部たちを入れ替えるほどの力を持つか、持たないかのほうが重要です。

私は今、軍の指揮権を握っている章沁生《しようしんせい》（中国解放軍総参謀部副参謀長、上将〈大将〉）と房峰輝《ぼうほうき》（北京軍区司令員上将）の二人が、少なくとも二〇一四年までは胡錦濤体制を守ると見ています。そのときまでは、胡錦濤が中央軍事委員会主席の座から降りないからです。

その後は、習近平が中央軍事委員会主席の地位に就くでしょう。しかし、習近平は国家主席になってかつ軍の最高権力者になったとしても、江沢民がかつて行なったのと同じ形

天安門事件の暴走で民衆から遊離した人民解放軍

鄧小平は、本心では学生たちを弾圧したくなかった？

必死にデモの中止を呼びかける趙紫陽（右端は温家宝）

1989年6月4日に起こった天安門事件

の兵力温存という形をとるだろうと思います。

次の中国軍事委員会副主席には、今の国防部長（防衛大臣に相当）である七〇歳の梁光烈《りょうこうれつ》がなるようです。

私は中国を好意的に見ている人間ですから、指導部が内部混乱、国内が内乱状況に陥らないことが、大きな目からして中国民衆のためにいちばんよいことだと思っています。今の共産党の最高幹部たちはこのことをよくわかっていると思います。自民党の大物政治家たちとよく似ていて、一見、大ゲンカをしたりして反目し合うのですが、現実政治では妥協し合う大人の集団だろうと見ています。同じ東アジア人同士ですから、このことは肌で感じてわかります。私のこの見方は甘いでしょうか。

中国政治は、一〇年～二〇年間の安定の後に国内権力闘争を始める

石平　実は、一九八九年の天安門事件以来、中国の政治自体はけっこう安定していたのです。毛沢東時代の昔に比べ、粛清とか弾圧などは少なくなりました。鄧小平は天安門事件のあと、一つの教訓を得ました。天安門事件の当時、民主化を要求する学生運動があれほど大きくなったのは、正直に言って、私たち学生の力によってだけではありませんでした。要するに、共産党自体が分裂したからです。

先ほど、副島さんが指摘されたように、趙紫陽がわれわれ学生の肩を持ってくれた。党の中に二つの司令部が出来ました。そして学生の肩を持った趙紫陽派が、李鵬《りほう》派によって打倒されました。鄧小平が一九七九年から最高実力者になって以来、共産党の指導者が共通認識として持ったのは、どんなことがあっても内部の完全な分裂は避けるということでした。国内が不安定であればあるほど、ギリギリの線で党内を調整するということです。二〇〇二年から中央政治局常務委員になった温家宝《おんかほう》たちがこの方向を進めました。こうして、中国は天安門事件以来、十数年間、政治的安定を保つことができました。

共産党政府が今の政治的安定を維持してきたもう一つの原因は、経済の成長でした。ただし、胡錦濤政権までは存続した、「内部で争わない」という暗黙のルールが、次の世代にまで持続していくかどうかはわかりません。悶着《もんちゃく》を起こさずにはやっていけないいろいろな党内部の問題が出てくるでしょう。

これから中国をどう持っていくかというところで、かなりな路線闘争が始まると、当然、権力闘争になります。中国政治の面白いところは、大体、一〇年〜二〇年間の安定を保ってから一段とバランスが崩れるということです（笑）。そこからまた、いろいろ起きて再び政治のバランスを取り戻す。

ですから、中国政治はこれからかなり微妙な時期に入ると思います。それよりも、この共産党という体制自体が中国の国民性からすれば、危ういところにきていると思います。

副島　民主派である石平さんにしてみれば、当然のお言葉ですね。中国は共産党支配をやめて、できるだけ早くかつ穏やかに民主政治（デモクラシー）に移行すべきです。私もこのように思います。

私は、鄧小平という指導者を一貫してものすごく高く評価しています。石平さんも八〇～八四年まで、北京大学の中で学生民主化運動をやってきました。このあと四川省の大学で教員になってからも運動を止めず、大学の中で、教員団から、「少し運動を抑えなさい。危ないよ」と言われたそうですね。それで八八年に日本に留学して来たのですが、翌八九年に「六・四（天安門）事件」が起きました。ですから石平さんの怒りは、私にも非常によくわかります。

あのときの鄧小平は学生たちを弾圧したくなかったはずです。しかし、もう抑え切れない状態になっていた。それで仕方なく弾圧しました。

石平　それは八七年です。

副島　ああそうですか。鄧小平はすでに「これ以上、民主化の運動はやるな」と忠告しました。開封市《かいほう》（河南省東部に位置する中級市。中国でもっとも歴史が古い都市の一つであり、北宋《ほくそう》の首都だった）の大学で運動が盛り上がったときです。ですから、それを抑えつけなければばいけないという、鄧小平の管理者としての責任と苦悩を、私はよくわかります。

ただし、この運動は結果的に「六・四（天安門）事件」の悲劇になってしまった。鄧小平は自分の責任を感じて、八九年一一月に、中央軍事委員会主席を辞任しました。

そのときに鄧小平は、自分が育ててきた趙紫陽と胡耀邦を「考えが足りない」と批判しました。そして、次の世代である胡錦濤や温家宝に対して、「我慢せよ。我慢せよ。俺はあの恐ろしい毛沢東の下で、三〇年間も我慢してきたのだ」と言い渡したでしょう。

「胡錦濤戦略」体制は、アメリカからの内部分裂工作にも負けないで続く

副島　私は「胡錦濤戦略」というものが今もあると考えています。「№2《ツー》でよいのだ。いちばん上は向こうに渡せ、そしてじっと我慢して次を待て」という鄧小平からの遺言を守って胡錦濤体制ができたと考えています。

胡錦濤は二〇〇七年に、次の主席の地位を上海閥の習近平に譲った。江沢民系のトップの曾慶紅《そうけいこう》は自ら政治局常務委員をやめる代わりに、習近平を国家主席に推し上げた。両派の激しい鍔迫《つばぜ》り合いの果てです。この他に常務委員九人の中の四番目に賈慶林《かけいりん》、九番目に周永康《しゅうえいこう》（秘密警察長官の仕事）を押し込んで、上海閥が実を取りました。そこで、胡錦濤は自らの派閥の後継ぎである李克強《りこくきょう》（副首相）に「二番目の首相の座でよい」と命じた。

この体制を次の一〇年間続ければ、その次には鄧小平系の周強《しゅうきょう》（全人代常務委員会委員）と胡春華《こしゅんか》（内モンゴル自治区党委員会書記）という有力な若者たちが控えている。だから、二〇二三年～三二年になったら、周強、胡春華たち共青団系の今は四五、六歳くらいの人間たちの成長を待ちます。

この鄧小平と胡錦濤を、私は高く評価しており、多分そうなるだろうと予測しています。権力闘争と内部抗争を避け、「自分たちが苦労せよ、我慢せよ」という戦略です。「政治では我慢することがいちばん大事だ」と言った鄧小平を私はものすごく高く評価しています。

ですから私は、中国のこれからの体制はアメリカの外側からの分裂工作にも負けないで続くだろうと思っています。

石平　中国共産党の体制そのものは続くかもしれませんね。

副島　金融・経済の問題や社会騒乱事件など、これからもいろいろ出てくるでしょう。しかし政治体制が安定していれば中国は大丈夫です。私が心配していたのは、ほんとうに中国の民衆はちゃんと食べているのかということでした。二〇一一年の九月にも、中国に行ってじっと見て、確認しました。一食五元（六〇円）ぐらいで、民衆はちゃんとご飯を食べていました。これなら暴動は起きないなと、思いました。

石平　いいえ、それでも暴動は起きています。

「No.2と、我慢」を提唱した鄧小平に従った「胡錦濤戦略」

鄧小平

「No.2《ツー》でよいのだ。いちばん上は向こうに渡せ、そしてじっと我慢して次を待て」という鄧小平からの遺言を守って胡錦濤体制ができた。

胡錦濤国家主席

李克強副首相

周強
（全人代常務委員会委員）

胡春華（内モンゴル自治区党委員会書記）

副島　暴動とは何か、民衆騒乱事件とは何かということを私は調べました。今回（二〇一一年九月）、内モンゴル自治区のフフホト市で聞きました。内モンゴル農業大学の学生たち八〇〇人ぐらいが地方都市で騒いだという事件を知りました。そんな騒動が起これば、すぐに公安警察が何千人も出動して取り囲むに決まっています。

この騒動は二〇一一年六月三日に、内モンゴル自治区でモンゴル族の遊牧民が土地を売らないことで轢《ひ》き殺されました。この事件を正しく捜査せよと言って、モンゴル人の学生たちが騒ぎ出した。この後、遊牧民をダンプカーで轢き殺した運転手は死刑になり、この殺人を命令した鉱山経営者は二〇年の刑になりました。これで、一件落着しました。

この事件のことを、日本の新聞では「暴動」と書かれていました。中国で起こる民衆たちの騒ぎは、ほとんど暴動とされます。中国民衆の抗議行動の様子を見ていると、たとえば少年を道で車で撥《は》ね殺した人間は党の幹部だったりします。そういう人間が警察署に逃げ込むと、五〇〇〇人～一万人もの民衆が周りを取り囲んで、石を投げ出すという騒ぎに発展します。このような事件が中国全土ではたくさんあります。私は素晴らしい抗議行動だと思っています。

ダイレクト・デモクラシーという英語があります。「直接民主政治」というのはこのようなものです。ワーワー騒いでいる民衆の中から、五～一〇人が捕まえられる。そうなるとさらに五〜一〇万人を再び集め、さらに抗議するという中国人の力こそ、ほんとうのデモクラシーではないかと思います。それに比べれば、日本などデモクラシーが完備して完成しているように見えるけれど、地方の政治にしても、国の政治にしても、国民には何の力もなく、嘘八百でひどいものです。

「農民の命、一人、五〇万元(六〇〇万円)」の歌が示す庶民の抵抗

副島　その他にも、中国国内ではひどい環境問題とか、強制的な住宅立ち退き問題とかがあります。私がじっと見ていたら、北京のかつての胡同《フートン》(北京市の旧城内を中心に点在する細い路地)と呼ばれた地区が全部なくなって、その跡地に三〇階建てぐらいのビルがどんどん建っています。五年前に行ったとき、通訳の女性に、「立ち退き料はいくらくらいですか?」と聞いたら、「五〇万元」で、一元=一二円だから六〇〇万円くらいです。通訳の女性は、「無理やり立ち退かされて、二時間くらい離れたところに小さな家がようやく買える。職もまた変えなければいけないから大変だ」と言っていました。

ところが、昨年(二〇一一年)、行って聞いたら、「立ち退かないで頑張っている連中が今、要求しているお金は、五〇〇万元」だというのです。

つまり、今、彼らは六〇〇〇万円くらいを要求している。汚いところに住んでいるので

すが、とにかく立ち退かないで頑張っている（笑）。六〇〇〇〇万円ならもう彼らに同情できません。

同じことは日本でも起きています。小田急線に通勤新線がなかなか通らなかったので、ぎゅうぎゅう詰めで皆嫌な顔をしながら通勤していました。「道路が広がらない、駅前が奇麗にならない」のが日本です。用地の買収に応じない連中を動かすのに三～四〇年もかかります。そうすると、政府の人間が裏側から何億円かをジュラルミンのケースに入れて、裏金で持って行くのです。この真実は日本では絶対に新聞テレビで報道されないのです。

それでも動かないやつがいる。日本の法律は「所有権の絶対」といって、居座る者たちをなかなか動かせないのです。中国が今、同じ感じになっている。

それがよいことか悪いことかを含めて、中国が一気に日本的になっている。もうこれからは、中国の農民たちは黙っていないですよ。

石平さんは知っていると思いますが、「農民の命、一人、五〇万元（六〇〇万円）、ハハハ」という冗歌があるそうですね。歌っている間に五〇〇万元（六〇〇〇〇万円）になってしまったのです。日本でもそれは高いなあと思います。

中国での暴動とか社会騒乱事件を、政府の側が機関銃で皆殺しにしているように、日本の中国大嫌い人間たちは書きます。そんなことはできない。生活している人々がいる限り、問題は次々と起きます。公害で汚染された湖の住民たちは、排水工場に向かって石を投げたり、騒ぐのは当たり前です。実際には中国共産党が中に入って、何とか宥《なだ》めて収めている。

石平　民衆が暴動と社会騒乱を起こす陰には、確かにいろいろなケースと理由があります。二〇一〇年の一年間で、上海交通大学の研究チームがまとめた結果では、全国のあちこちで五日に一度の頻度で大きな騒動や暴動が起きています。恐らく、副島さんが見た、何百人かの学生が騒いだという暴動は、ものの数には入っていないと思います。

今、民衆はいろいろな不満を持っています。しかも経済が成長する最中《さなか》で、そういう不平不満を持っているのです。中国では面白いことに、ほとんどの不平不満はどんなことでも矛先は政府に向けられてしまいます。すべては政府が悪いということになる。

なぜそうなるかというと、政府がすべてを管理しているからです。すべての問題は政府の責任になってしまうのです。中国の場合、民主主義国と異なるのは、民衆の不平不満を発散させて吸収するシステムがないということです。私も日本がそれほど素晴らしい民主体制の国家であるとは思いませんが、民衆の不平不満が溜まれば、一回、総選挙を行なって、ある程度、それを吸収することができます。

中国には、ほんとうの意味で国民による選挙制度がありません。そのため、民衆の不平不満は常に溜まっていきます。その不平不満の対象は常に政府に向けられるのです。

ですから、ある意味では、いちばんしんどい立場に立たされるのは政府である共産党です。要するに、民衆の不平不満を自分たち一身に集めてきたような構造をとっているのです。ある意味では、日本の指導者より、何十倍も苦労しているのが中国共産党の指導者であるかもしれません。

しかし、それは誰の問題なのでしょうか？ 別に、胡錦濤（国家主席）だけの問題ではありません。温家宝首相だけの問題でもない。私はやはり、共産党という国家体制の問題だと思います。私は、民主主義ですべてが解決する、また、民主主義が何よりも素晴らしいシステムであるとも思いません。ただし根本的な解決法は、共産党という体制の改革がなければ始まりません。むしろ、体制の改革をしなかったら、共産党自身がますます不利な立場に追い込まれていってしまうでしょう。

中国と比べ、日本はほんとうにデモクラシー国家か!?

副島　そうですね。今、トップ九人の政治局常務委員のうち、№2である温家宝首相が一人、孤立しながら、民主化を促進しようとしています。温家宝が一生懸命、民主化を働きかけると、周りの長老や官僚たちからシラーッとした顔で見られます。北京大学出身の李克強の同級生たちが民主化運動をやっていたことを周りがよく知っています。

今も毛沢東主義である軍の連中は、李克強をものすごく嫌っています。「李克強は〈隠れ民主派〉であり、こんなやつが首相になって、俺たちが抑えつけられるわけにはいかない」という闘いが、今後も続いていくことは私にもわかります。

それでも、石平さん。確かに共産党独裁体制を変えるべきか、ということでしたら変えるべきです。変えるとき、何が問題か。デモクラシー国家とは何かというと、「複数政党制」と「普通選挙制度」の二つです。

中国人の知識人が私に言いました。「日本は自民党が五〇年間も政権をずっと握っていたのに、まるでデモクラシーがあるように言われている。どこがデモクラシーですか。それなら、中国も日本から学んで、形だけの民主体制にすればよい」と笑って言いました。『日本よ中国と同盟せよ！』（光文社・ペーパーバックス。二〇〇八年刊）という本がありす。著者は講談社の編集長で中国研究家の近藤大介という人です。重要な本です。講談社という大出版社は戦後はアメリカに屈服して、大衆相手の漫画雑誌や女性雑誌を発行して生き延びてきました。しかし深いところで愛国主義の出版社です。すっかりアメリカの手先になっている文藝春秋や新潮社とは違います。近藤氏は講談社が密かに送っている日本からの駐中国大使のような役割の人です。ややトボけながら、日本と中国の同盟を主張しています。

近藤氏の本に出てくる中国側の重要人物が、「二つの海底」という言葉を使っています。彼は東京にある中国大使館にいる中国情報部のトップの人材でしょう。この人が、「中国にとっての二つの海底とは、①共産党独裁と、②民族問題のことだ。中国は、①共産党体制の否定と、②の台湾独立、ウイグル、チベット問題については、外国人が何を言っても絶対に言うことを聞かない。それ以外のことはすべて外国から学ぶ。受け入れる」と言ったそうです。この本音の考えで中国は今も動いているというのです。

上海で調査をしていたとき、「私たち上海人は、北京の共産党は大嫌いよ」とある女性が言いました。しかし、「大嫌いだけれど、どうしても北京に皇帝がいないと中国は治まらない」と付け加えたのです。さすがに「赤い皇帝」とまでは言いませんでした。上海人がそう言ったのです。彼女は「それが中国の長い歴史だ」とも言っていました。

アメリカのＣＩＡと絡んでいる日本の中国研究家たちは、「中国は大分裂する」とか「中国は崩壊してダメになる」と、盛んに書きました。が、実際にはそうはなっていないというのが現実です。

中国は大き過ぎるので、北京に皇帝がいて、あちこちで反乱が起きると、弾圧して、抑えつけてきた。そうやってきたのが歴代の中華帝国です。

中国共産党は独裁体制を続ければ続けるだけ脆《もろ》くなる

石平　いや、副島さんの考えは少しおかしな論理だと思います。中国の国民は自分たちで働いて、自分たちで食べています。別に北京政府が食べさせているわけではありません。それは、「お前たちを食べさせるから、お前たちは言うことを聞け」という支配者の論理です。逆に、国民のほうが胡錦濤たち政府の人間を食べさせています。

それでも、中国の今の支配体制は、副島さんが指摘されたように、確かに維持していくうえで仕方がない面があります。問題は、何のために維持していくかということです。鄧小平は「俺たちがいなければ、この国は治まらない」という言い方をしましたが、それは、秦《しん》の始皇帝が「俺がいなければ、お前たちは自治できないから、独裁政権でやるしかない」という言い方をしているのと同じです。

しかし、問題はここです。独裁体制を続ければ続けるだけ、結果的に、他の党派による政治関与はできません。鄧小平は、「共産党がなかったら、中国はダメになる」と言いました。しかし、他の党が政治を行なうことは許されなかったのですから、それがどうして証明できるでしょう。中国では常に共産党による政治だけでした。

副島　石平さんはご自分の本の中で、「鄧小平は民主化したいほうのソフトな共産党だ」ということを認めていますよね。

石平　いや、いや。鄧小平は民主化など考えたことは毛頭ないと思います。

副島　いや、そんなことはない。鄧小平は劉少奇《りゅうしょうき》（国家主席。「資本主義の道を歩む実権派」の中心とされ、毛沢東に迫害された）や彭徳懐《ほうとくかい》（尊敬されていた軍人。三〇〇〇万人の民衆が餓死した毛沢東の大躍進政策に反対し、五九年に失脚）と一緒に、民衆のために動いてきたという事実も認めないのですか。

石平　それは彼らの史観です。劉少奇が民衆のために闘ったとは私には思えません。

副島　少なくとも李鵬《りほう》（鄧小平に天安門の学生運動を動乱と認定させた）とか楊尚昆《ようしょうこん》（天安門事件の鎮圧を指示。鄧小平死去後は長老序列の一位となる）とか、李先念《りせんねん》（中国共産党の八大元老の一人）たちは、民衆など上から抑えつけて叩き潰せばよいと考えていました。それに比べたら、劉少奇や彭徳懐は民衆のことを考えていた政治家です。

石平　鄧小平は基本的には民衆派だったでしょう。ただし、彼は民衆を抑えつけたうえで、民衆のためによい政策を行なう、中国の言葉でいえば、「どちらも独裁をやりたい、ただし、俺のほうがよい独裁である」という考え方なのです。

副島　石平さん自身が、八〇年から八八年までは、鄧小平たちの「改革開放路線」を支持していたのに、それに裏切られたという考え方をしているわけですか。

中国の民衆の側に立った政治家と弾圧した政治家

〔中国の民衆の側に立った政治家〕

鄧小平

劉少奇

彭徳懐

〔中国の民衆を弾圧した政治家〕

李鵬

楊尚昆

石平　確かに当時は鄧小平たちを支持していました。しかし、事態は逆行してしまいました。もし、その論理でいけば、中国は秦の始皇帝の体制のままで永遠に変わらないと思います。

　私はこれからの中国は、経済の自由化をさらに進展させて、インターネットも発達させていったほうがよいと考えます。秦の始皇帝の体制のままでは、中国はもう永遠に維持できなくなると思います。

副島　ここで、何のために政治はあるのかということが大事です。

石平　いや、何のために共産党が権力を独裁しなければならないのか、ということのほうが大事です。

副島　何のために政治があるかというと、民衆を食べさせるということです。民衆は自分で食べていると言うけれど、秩序というものがないとやっていけません。秩序を権力が維持させるわけです。

石平　秩序というものには、いろいろなつくり方があります。別に中国共産党の中だけにしか秩序がないということはないです。

副島　石平さんがデモクラシーというとき、その国は誰がつくった、どの国をモデルにしているのですか。私は民主主義という言葉は嫌いです。デモクラシーは「主義」ではない。

「民主政治体制」というべきです。中国の知識人たちは「民主体制」という言葉を使いますよね。

石平　その民主政治体制にもいろいろなパターンがあります。中国には中国的な民主政治体制をつくるべきです。そのまま、アメリカの体制になるわけでもないし、そのまま日本の体制になるわけでもありません。

副島　元祖デモクラシーの国家はアメリカといわれています。

石平　ある意味では、一つの理想形の見本として、アメリカのデモクラシーが有効だったと、私は思います。

中国共産党が民主体制にならない限り、革命が起こる可能性は充分ある

副島　まあ、いちばん簡単にいえば、民主政治体制の国とは、「複数政党制」と「普通選挙制」のある国のことでしょう。それさえ、中国に出来ればよいのでしょう？　デモクラシーについては、どういう政治体制がいちばん優れているか。この重要な問題について、ギリシャのアリストテレスが、何と二五〇〇年前にはっきりと書いています。『ポリティカ』という政治学の本の中で書いています。

「もっとも優れた政治形態は、〈デモクラシー〉でもない、〈オリガーキー〉（貴族寡頭《かとう》政治）

でもない。この二つの混合形態である」と書いています。だからある種の〈優れた貴族による政治〉と〈民衆代表政治〉の混合形態がいちばんよい、とアリストテレスは言っているのです。

石平　私もそう思います。はっきりと言って、エリート主義のない民主主義、民主政治はほんとうの衆愚政治になってしまう可能性があります。要するにポピュリズムになってしまう可能性があります。

ただし、それは日本の問題です。中国の問題はむしろ最低限の選挙制度もないということに尽きます。今の体制が続いて、彼ら権力者が密室の中で二〇三〇年までの指導者を決めるということはもうあり得ないことです。今の北京の指導者が密室の中に座って、一〇年後、二〇年後の指導者はこいつだと決めて、そのとおりになる時代ではありません。

私なりの考え方を申し上げると、共産党の体制が変わるのには二つの変わり方があります。一つは、自分たちが徐々に変わっていくこと。私は共産党に何でも反対するわけではなく、鄧小平の時代と比べて、あるいは毛沢東の時代と比べても、共産党は実は緩やかに変わっています。たとえば、中国国内で、経済政策に関しては誰でも温家宝（首相）を批判することができます。二、三〇年前にはあり得ない状況に変わっています。

しかしどうしても変わらなければ、中国に革命が起こる可能性は充分にあります。中国の歴史はまさに革命の連続の歴史です。

副島　政治は何のためにあるかといえば、どこの国でも、とにかく民衆が充分に食べることができることが政治の目標だと、私は思っています。私がもし、中国で生まれて石平さんの立場だったら、私も民主化運動をやっていたでしょう。そして確実に牢屋に入るか、殺されています（笑）。自分でこのことには自信がある……。

それでもですね、石平さん。外国人である私の冷たい目から見たら、中国の今の政権はうまくやっていると見えます。外国人というのは他人のことですからほんとうは冷たいものです。冷たい大人の日本人や韓国人が中国に対して何を考えているかというと、中国の一三億人が動乱で外側に流れ出して来ないでくれということなのです。日本人もそれだけを恐れています。中国の人口がこちらに五〇〇〇万人くらい流れ出したら、とても食べさせられないからです。それが正直な本音です。

中国の「一人っ子政策《ワンチャイルドポリシー》」に対して、世界の女性解放運動団体が北京に集まって、一五年前ぐらいに騒ぎました。中国政府が強制的に女たちに堕胎（人工妊娠中絶）をしていることに強く抗議しました。ところがそれでは中国が二人っ子、三人子を認めたら、人口はすぐに三〇～四〇億人になってしまう。それでもよいのかと反論されたら、各国からの女性解放運動の女たちもほんとうは官僚ですから沈黙したのです。つまり、中国の現状を認めてしまうのが、外国人たちの主流です。

それに対して、中国の中で弁護士といわれている人たちが、民衆運動や立ち退き反対運動を行なって、困っている人たちを一生懸命助けています。弁護士というのは、大体、外国に留学してロースクールに行って弁護士資格を取ってきた人たちです。中国共産党から見たら、弁護士は代言人扱いです。戦前の日本の弁護士というのも、政府から相手にされていなかった。彼らが今の中国のほんとうの民主化運動の活動家たちです。

民衆暴動を調査している機関として石平さんが挙げた中国交通大学には、毛沢東時代からしぶとく生き残った人たちがいっぱいいます。それは現実の反体制運動ですから、私は批判しません。私自身が日本における反体制運動をずっと行なってきた人間ですから。

それに対して、石平さんのお仲間の日本人たちは日本国内でどれくらい性質《たち》が悪いか。彼らは常に保守であり、体制派の人たちです。彼らは警察の力で自由な言論なんか抑えつければよいと思っている人たちですよ。ほんとうに文藝春秋や新潮社の幹部たちはアメリカのＣＩＡとつながっており、日本のアメリカからの自立、独立運動を全部叩き潰せばよいと思っている人たちです。このことを石平さんにわかってもらいたい。

真の愛国者を中国歴史の知識人たちの中に見る

副島　それに対して、私のような日本人は人権民主派であり、貧しい人たちの味方だと勝手に思い込んで、ずうっと反保守で闘ってきました。いつも勝利できなくて挫折して厳しい現実を認めながら何とか生き延びてきました。それで私は、言論人にでもならないと生きていけないので、三〇代には保守雑誌に原稿を売り込んで、文章を書かせて貰いながら、ここまで生き延びてきました。

だから、真に賢い人間のあり方というものを考えるときに、たとえば、南宋《なんそう》や明《みん》の頃の中国知識人たちが現実に耐えて、死ぬ覚悟でぶつかって行ったすごさを見つけました。それが、中国知識人の典型である文天祥《ぶんてんしょう》（一二三六～一二八二。中国南宋末期の政治家。滅亡へと向かう南宋の皇帝の臣下として戦い、元《げん》に捕らえられた。フビライ汗に仕えるようにと勧誘されたが、忠節を守って刑死した）や方孝孺《ほうこうじゅ》（一三五七～一四〇二。明王朝の代表的知識人・儒学者。明の永楽帝《えいらくてい》の即位を「燕賊簒位《えんぞくさんい》」と大書し反対した。これが永楽帝の怒りを買って、一族八〇〇余名すべてを目の前で処刑された）だったのです。

中国の民主派はじっと耐えています。ですから、単純な民主化を今の体制に要求しても、どうせ実現しないと知っている。

中国に対し外側からの目である私の結論は、その国の民衆がよく食べられるようになっているかどうかです。三〇年前の文化大革命の頃は皆飢えて、木の皮を剥《は》いで食べていたと中国人たちが話してくれます。

今の中国は豊かになったので、知識人だけが可哀想だと思います。これだけは、私は石平さんに申し上げておきたい。

石平　そこは、私はどうしても反論しなければなりません。はっきり言って、今の副島さんの論議を、ほんとうの副島さんの考えとは思いたくありません。結局、それは政治支配者の論議だからです。「お前たちは貧乏だから、私たち支配者がお前たちに腹いっぱい食わせた」というのと同じです。

では、昔はどうして民衆は貧乏だったのか？　それは政治支配者の責任です。中国が鄧小平の改革開放政策以前に、あれほど貧乏だったのは誰の責任だったのでしょうか？　毛沢東の責任です。彼が支離滅裂な政策をやりたい放題にやったからです。ではどうして、毛沢東のあういうメチャクチャな政策が、二〇数年間も通用したかというと、民主体制が中国になかったからです。

要するに、中国は独裁政治ですから、毛沢東は一存で何千万人の国民の命を犠牲にしました。民主政治を、私たちの世代は観念で、つまり本から勉強して、そっちがよいと思っ

中国民衆を不幸にした毛沢東の治世

毛沢東の大躍進時代のポスター

中国共産党の
独裁者だった
毛沢東

実際は数千万人の犠牲者を生み出した

たわけではありません。中国の国民は数十年間、私の両親の世代を含めて独裁政治に苦しめられてきた。父の体験では、あの頃、何千万人という中国民衆が殺されたということです。毛沢東のやりたい放題の暴政の下で、国民全員が貧乏になっていった。

その後、一九七九年に鄧小平が復活し、「毛沢東時代は、民衆が貧乏だった。今回はお前たちを腹いっぱい食べさせる。その代わりに共産党の政権自体は認めてくれ」というような政策を示しました。しかし、私は逆に、「お前たち共産党の人間がいなかったら、中国国民はもっと以前から充分に食べられていたのだ。むしろ共産党の時代になってから、食べられなくなったのではないか」と言いたいのです。

今、「民衆は充分に食べられるようになったではないか」という論議をもって、支配者を認めるならば、どんな独裁体制でも認めてしまうことになります。

もう一つ、個人的なレベルの話になりますが、私も自分なりに知識人であると認識しています。そういう意味で私は、副島さんの生き様をすごく尊敬し、共鳴している部分があります。しかし、これまで私がお世話になっている保守陣営の人たちを、とんでもない人間であるように言われるのは、まことに心外です。私は、彼らもすごく立派な人間であると尊敬しています。

私にとって唯一の敵ははっきり言って、北京政府です。それ以外にはないのです。

副島　わかりました。では、日本にとっての外側からの目である石平さんから見て、日本国の支配者は誰だと思っているのですか。私は、それはアメリカだということをあなたにわかってもらいたいのです。

石平　戦後の日本がアメリカの強い影響下にあることは、私も認めます。

副島　アメリカは今でも日本の支配者なのです。影響を与えたというような生易《なまやさ》しいものではありません。日本はアメリカの属国（被占領国）なのです。

石平　しかし、日本という国が、戦後六〇数年、アメリカにそのまま支配されたかどうかは、私はまだ納得できない面があります。

第3章

なぜ中国は熾烈《しれつ》な「海洋戦略」を推進するのか

二〇一五〜一六年には中国がアメリカを逆転する?

台湾の統一と「海洋戦略」がこれからの中国の課題

副島　中国は「もはや日本には技術や理論では学ぶものがない」と言っています。これからは世界の覇権を目指していくということを、石平さんもお書きになっています。そこで、これからの中国の国際戦略について具体的にお聞きします。

石平　中国のこれからの国際戦略に関して、金融の分野については、私はよくわかりませんので、副島さんにお願いします。そこで、政治的な国際戦略について申し上げます。

今、中国政府が考えている政治分野での国際戦略にはいくつかのキーワードがあります。

一つは「台湾」問題です。中国にとってナショナリズムは自国の根本になっています。彼らに言わせれば、「祖国の統一」です。

この問題は、かつて清王朝の時代、中国がイギリスとのアヘン戦争（清とイギリスとの間で一八四〇年から二年間にわたって行なわれた戦争。イギリスによるインド産アヘンの中国への輸出が原因となって起きた）に敗北したことから生まれた「屈辱史観」と深く関係しています。中国共産党政権やエリート知識人からすれば、台湾の統一をなし遂げて初めて、完全に「屈辱史観」を払拭《ふっしょく》できる。いわゆる祖国統一というか台湾の併合は、中国にとっては宗教の域に近いものです。ですから台湾をどうしても併合したい、というのが中国の国際戦略の一つです。

　もう一つのキーワードは「海」です。今、中国が国際戦略としている最大のポイントは「海洋戦略」です。ここで中国の歴史に大転換がありました。ご存知のように中国はずうっと今までは、「内陸国家」でした。海には基本的に関心がなかったのです。

　明の永楽帝《えいらくてい》（一三六〇～一四二四。中国明朝の第三代皇帝。帝都を南京から北京へ移した。その治世は、対外積極政策が行なわれ、中国史上もっとも活気に満ちた時代を創出した）が鄭和《ていわ》（一三七一～一四三四。中国明代の武将。永楽帝に宦官《かんがん》として仕えていたが、軍功をあげ重用され、南海への七度の大航海の指揮を委ねられた）を南海《サウス・シー》に派遣した「鄭和の大航海」の事例があります。あれは一回だけで、後が続きませんでした。中国の歴代政権は基本的に海には関心がなかったのです。中国は内陸国家として満足してきました。

副島　中国が目指す「和平崛起《くつき》」（大国崛起）と「和諧《わかい》社会」の理想がまさしく〝鄭和の遠征〟だそうですね。

石平　そうです。鄧小平が初めて海に目を向けました。それに対して「陸」（内陸部）を重視した思想は、実は毛沢東の時代まで受け継がれてきた。毛沢東時代の国際戦略も、内陸部のチベットやウイグルやモンゴルに入植して、陸上での領土の拡大を図ったのです。これが毛沢東時代まで取られてきた基本的な戦略です。だからインドやベトナムやソビエトとも度重なる国境の紛争を起こしてきました。

しかし、毛沢東が亡くなって鄧小平の時代になると、鄧小平の一派は海のことに多少、関心を持ち始めました。彼らはヨーロッパで学んだことがあるからです。彼らは、これからの中国が覇権を遂げるには、陸で何かをやるより、海に出たほうが効率的だと考えたのです。その海を抑えられれば、当然、台湾も落ちてしまうと考えたのです。台湾は島だからです。

「公海」を支配し、西太平洋を制覇し、アメリカと棲《す》み分ける戦略

石平　そこで、鄧小平以来の中国は、今、焦点になっている東シナ海と西太平洋の二つの海を制覇すればよいと考えました。そうすれば、台湾はもとより、日本も韓国もフィリピンも、周辺の海洋国家のほとんどを中国の勢力下に入れてしまえます。

中国は別に日本の領土を侵略しなくてもよいと考えています。日本の周辺の海さえ抑えれば、日本はお手上げになるからです。

しかも、中国の海洋戦略が巧妙なのは、いきなり相手の領土を侵略するというよりも、誰も文句の言えない「公海」（特定の国家の主権に属さず、各国が自由に使用・航行できる海洋）の支配を考えた点です。公海を支配すれば、領土の侵略以上の戦略的意味を持つとい

うことです。

しかし、今の中国の世界戦略は、恐らく世界全体を制覇するということまでは、たとえばヨーロッパを支配するということまでは恐らく考えていない。これが、私の個人的な見方です。中国政府の考えていることは、西太平洋を制覇することです。具体的に言えば、東シナ海と南シナ海の二つを制覇すれば、東南アジア諸国のほとんどが中国の勢力範囲下に入ります。いわば西太平洋を制覇して、アメリカと棲《す》み分けるという戦略です。

中国はアメリカと衝突して世界を支配するよりも、アメリカと棲み分けて、太平洋の向こう側の大西洋、すなわちヨーロッパはアメリカに任せて、太平洋からこちら側は自分たちが取るぞという戦略なのです。恐らく彼らに見えている部分はこれです。

この戦略が達成されれば、台湾は当然、中国に入ってしまいます。日本もそれこそ中国の属国になっていく以外に生きる道はないでしょう。韓国も他の国々もそうなってしまうと考えられます。

このような「海洋戦略」の全体像を中国は今、思い描いています。

副島　そうですね。中国の国防部長（防衛相のこと）が、アメリカの第七艦隊のバード司令官（提督《アドミラル》）に向かって、「ハワイより西の西太平洋《ウエストパシフィック》を中国に任せてくれないか」と発言したら、バードは即座に、〝Surly ges.〟《シュアリー ジエス》（冗談はやめてくれ）と拒否したそうです。これが米と中の太平洋を巡る激しいやり取りですね。

西太平洋を制覇する「第1列島線」「第2列島線」の戦略

石平　中国政府が考えている海洋戦略の全体像の中で、とくに大事なポイントは、「中国海軍の近海における防衛戦略」です。近海防衛戦略は、「第1列島線」「第2列島線」という概念で出来ています。中国の戦略的目標として、西太平洋側に二つの線を勝手に引いてしまいました。図のように「第1列島線」とは、台湾、沖縄の左側を通過する防衛線です。「第1列島線」以内の海を中国海軍のコントロールできる範囲にして、まずその目標を達成する。その後で、さらに太平洋にまで範囲を広げて「第2列島線」の内側のサイパンやグアムまでを、中国海軍はコントロールできる範囲にしたいと考えました。そうすると、西太平洋の海、東シナ海、また南シナ海を含めて全部を中国は制覇できることになります。

このように中国が海洋を制覇したがる意味は、日本を含めフィリピンから太平洋に出る海路を全部、抑えられるからです。日本にしてもフィリピンにしても、海から出る資源を抑えられると生命線を抑えられることになります。つまり、実質的に東アジア諸国を中国の属国にしてしまおうという戦略です。海を抑えることによって、海の海路に依存している周辺国を抑える――それが中国の海洋戦略です。

中国海軍の近海防衛戦略

副島　それに対抗してアメリカは最近、フィリピン、ベトナム、シンガポールなどの東南アジア諸国や、オーストラリアの協力を得て、中国を逆に取り囲む、アジア・太平洋地域の米軍の再編を進めています。これはアメリカによる「中国包囲網」です。でも中国はこのアメリカの包囲戦略を鼻で笑っているでしょう。

日中の焦眉《しょうび》の尖閣諸島問題よりも、最近はフィリピン、ベトナムと中国との領海紛争になっているのが、南沙《なんさ》諸島（スプラットリー・アイランド）です（133ページの図参照）。これもあの大悪人のリチャード・アーミテージ（元国務副長官）が仕組んでいるようです。すでに中国海軍がスプラットリー諸島の三分の二ぐらいを制圧（実効支配《デファクト・コントロール》）しています。どうせフィリピンもベトナムも、中国と軍事衝突するだけの力はありません。中国としてもフィリピン、ベトナムにそれなりの取り分を与えて、外交決着する気のようです。

中国の海軍は三隊艦隊の体制でできている

石平　実は、二〇一一年一二月に、胡錦濤（国家主席）が海軍の将校を集めて、「海軍力を増強して、軍事的統率の準備を急がなければならない」という、かなり踏み込んだ発言をしました。この発言の背景には、先述した中国の「海洋戦略」があります。

中国政府はヨーロッパにはあまり手を出すことを考えていません。ヨーロッパからいくら要請されても、ヨーロッパ全体を覆っている債務危機（金融危機）に対して、中国政府はヨーロッパ諸国の国債を買うことを躊躇《ためら》っています。基本的に私は以上のように分析しています。

副島さんはどのように見ておられますか？

副島　中国が海洋戦略として東シナ海から太平洋に出るというのは当然だと思います。中国は西太平洋までは必ず実効支配するでしょう。中国海軍にとっては遼寧省の旅順と、山東省の青島《チンタオ》、海南省の三亜《サンア》が大きな軍港です。

石平　海南省の三亜は明らかに南シナ海を狙っています。

副島　中国海軍にとってもっとも大きい軍港はどれですか？

石平　やはり青島軍港が最大です。中国の艦隊は今、三つに分かれています。東海艦隊（一九四九年に結成された中国初の海軍部隊で、人民解放軍海軍三大艦隊の一つ）、南海艦隊（一九四九年に結成された人民解放軍海軍三大艦隊の一つ）、渤海《ぼっかい》艦隊の三つです。渤海艦隊は山東省の青島と遼東半島の旅順の間の内海である渤海が基地となっています。渤海国（満洲から朝鮮半島北部、現ロシアの沿海地方にかけて、八～一〇世紀に存在した国家。大祚栄《だいそえい》により建国され、周囲との交易で栄えた）は昔、高麗《こうらい》、韓国人がつくった国です。

東海艦隊はまさに青島を基地にしています。渤海艦隊の中心が旅順です。南海艦隊は三亜です。このように中国の海軍は「三隊艦隊」で出来ています。

副島 ということは、空母が各軍港に一隻ずつ配備されているわけですか?

石平 渤海艦隊はあまり空母には力を入れていません。力を入れるのは南海艦隊と東海艦隊です。

副島 私は例のワリヤーグ級という空母は二隻あるはずだと睨んでいます。海軍の将軍たちというのは比較的、新しい軍人たちなのですか? 昔はあまり力がなかったように見えます。

石平 海軍は中国の軍の権力構造の中では確かに影が薄いです。たとえば、一九四九年に中国人民共和国が成立した後でも、権力闘争の中で浮上した軍人たちは、林彪《りんぴょう》にしても鄧小平にしても皆、陸軍に属しています。陸軍が中国をつくった軍隊です。共産軍と国民党軍との内戦はほとんど陸上で行なわれたからです。海軍はむしろ建国した後でつくられました。力関係でいえば、陸軍は国をつくった軍隊で、海軍は国ができてからつくられた軍隊ということになります。

副島 空軍はどうですか?

石平 空軍も基本的には国ができてからつくられた軍隊です。内戦時代には空軍は中国にはなかったのです。

副島　中国空軍は朝鮮戦争のときに初めてつくられたのですね。しかも日本人で捕虜として生き残った空軍パイロットたちが中国軍に教えながら出来たそうですね。一九五〇～五三年の朝鮮戦争のとき、ソビエト軍よりも日本人の戦闘機のパイロットたちが教官として中国空軍のパイロットに飛行技術を教えました。

中国の「海洋戦略」にとって、海の資源の確保が重要

副島　中国がこれから世界覇権《ワールド・ヘジェモニー》戦略を目指す際に、私は「陸の思想」を重視します。貿易にとっての海運力というのは確かに大きい。どう考えても沿海部の経済がよくない。海に面した大都市の景気がよくありません。ヨーロッパやアメリカへの輸出があまり伸びなくなっています。工業製品の輸出が伸びないと、どうしてもこれからの中国は、ユーラシア大陸の内陸部へ向かうのではないかと思います。

石平　それはそうですが、むしろ中国経済にとって重要なのは、やはり沿岸地域です。内陸の西、たとえばインドにとって中国経済が重要かというと、必ずしもそうではありません。中央アジアは中国にとってほとんど意味がありません。

　北の、ロシア、シベリアも中国にはあまり意味がない。中国経済にとって大事なのはむしろやはり沿岸地域です。

中国という貿易立国に寄与するのは加工産業です。やはり沿海部の上海・深圳《しんせん》など大都会の産業を取られたら、中国の産業で残るものは何もなくなります。

もう一つ、中国の海洋戦略にとって、海の資源の確保が重要になったということです。中国は今では輸出立国ですから、輸出が断たれると、当然何もできなくなります。経済面でも海は昔と比べようもないほど重要な意味を持っています。内陸部はむしろ、できれば現状維持、なるべくトラブルが起きないようにしています。ロシアとの間でも、国境でトラブルが起きないように、中央アジアでも何も起こらないようにして、安心して海に出るというのが中国の戦略です。

副島　中国政府は世界中の資源を持っている国々と付き合って、石油でも天然ガスでも、石炭でも外国から船で輸入するという戦略ですか？

石平　そのとおりです。とくに石油に関しては、中国はこれから輸入国になるので、ある意味でははっきりとした経済的な戦略を立てています

副島　世界地図を見ると、日本の位置が中国が太平洋に出るのを邪魔しているように見えますから、さぞ不愉快なのでしょうね。

石平　確かに日本も台湾も、中国から見ると邪魔に見えます。中国から眺めたら中国の海が、日本、沖縄、台湾に包囲されているように見えるのです。

中国が太平洋に出るのを日本の位置が邪魔している

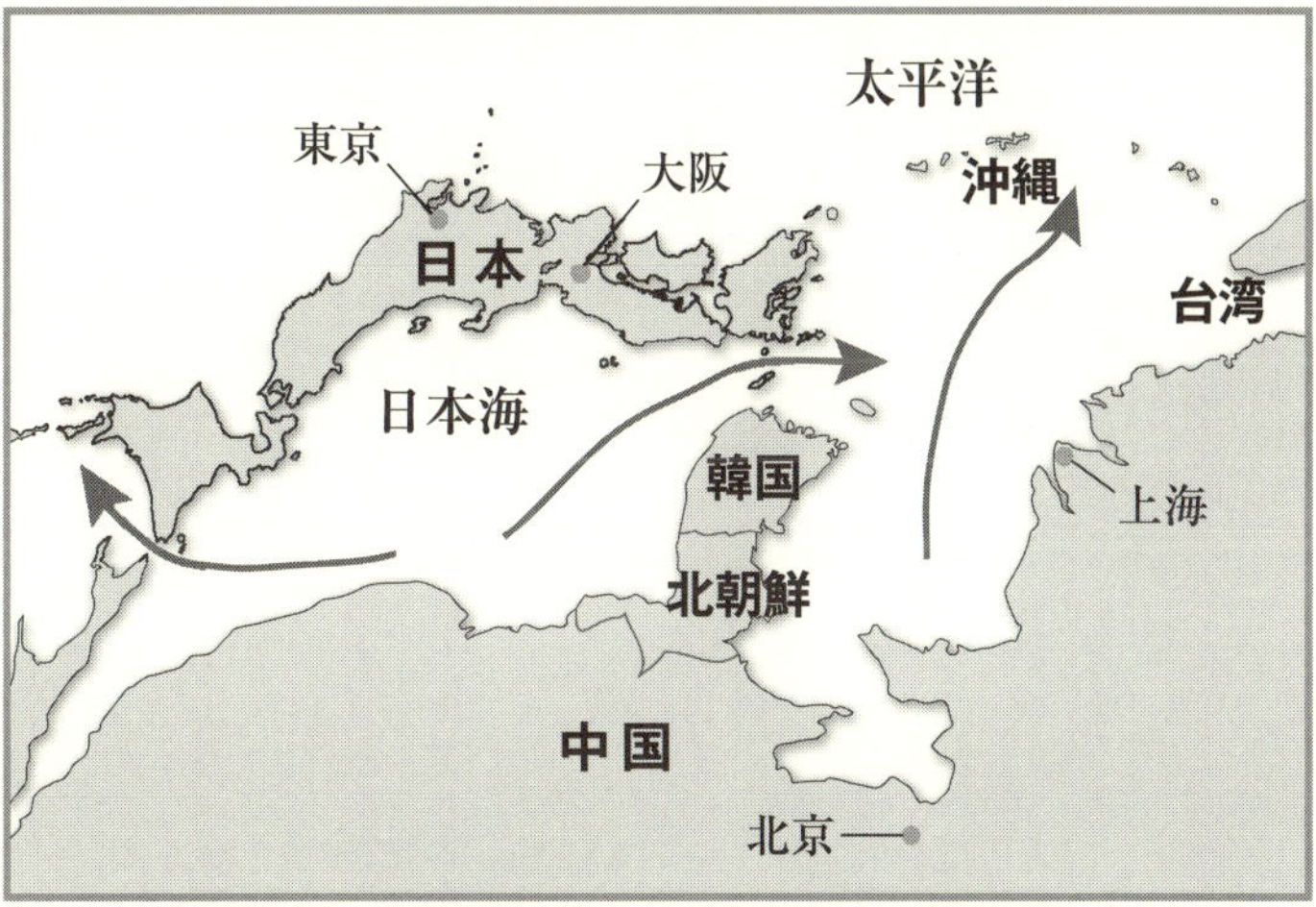

世界地図の北と南を反対にすると、中国が太平洋に出るのを日本が邪魔しているのがわかる

どこまで拡大するのか？　中国の新型艦隊

副島　世界地図の北と南を反対にひっくり返して見ると、よくわかりますね。中国共産党にとっては、軍人たちを抑えつけなければいけないという問題があります。軍人が戦争をしたがっているのかどうか、私にはよくわからない。ただ、アメリカの第七艦隊がハワイにいて、横須賀や佐世保を抑えています。米海軍の第七艦隊は台湾を死守したいでしょう。なぜなら、中国に政治的に台湾を取られてしまうと、アメリカのシーレーンが確保できなくなる。今までは米軍がパトロールできる水域だったのに、だんだんできなくなって、グアムまで撤退して、ついにはオーストラリアのダーウィンにまで後退せざるを得なくなります。これがまさしく「第2列島線」ですね。アメリカは不愉快に思っているでしょう。私は中国は戦争はしないと見ていますが、どうですか。

石平　中国の最高指導部にとっても、戦争はあくまで手段です。戦略的に戦争をしなくても目的を達成できるならそれに越したことはありません。

副島　まさしくそれこそ「孫子《そんし》の兵法」ですね。「戦わずして勝つ」ですね。

石平　中国共産党指導部もそれをわかっています。勝つ見込みのない戦争をして負けたら、それこそ体制の崩壊につながります。昔、ロシアが日露戦争で負けた後、帝政ロシアが崩壊し、レーニンに政権を取られたのと同じことになります。

中国はアジアを支配するためなら、一億人の血を流してもかまわない

石平　戦争に負けずに勝つ方法は軍事力の増大です。軍事力を増強して、むやみに使わなくても相手が怯《ひる》むようになればそれでよいのです。中国政府は軍事力を増強して、アメリカさえ震え上がらせれば、それで充分だと考えている。

アジアで争うことをアメリカに断念させれば、あとはもう戦争をする必要はなくなるということです。アメリカには弱点があります。アメリカはアジアを守るために、自国の何万人という兵隊の血を流すつもりはもとよりありません。中国は一億人の血を流しても別にかまわないのです（笑）。

これが、中国がアメリカに勝つ自信につながっています。今は、まだアメリカを震え上がらせるには、海軍の軍事力は不充分です。そういう意味では、中国の空母が本気でアメリカと戦おうとしているつもりなのかどうかはわかりません。

とにかく、中国はもっと軍事力を増強して、アメリカにアジアを巡って中国と争うのをもうやめようと思わせたい。それで、中国のすべての戦略的目標が達成できるのです。アメリカがアジアから手を引けば、日本は中国にとって物の数ではありません（笑）。それが中国共産党の指導部が考えている戦略だと思います。

副島　やっぱりそうですか。私は、中国が将来、日本を属国にするようなことがあったとき、責任がある言論人です（笑）。なぜなら、私だけが保守言論人の言論とは異なり、アメリカからの独立と親中国的な言論を唱えてきたからです。もし、私の予測が外れて日本が中国の属国にされてしまうと、そのことで私は責任を取らなければならなくなると考えています。

「日本は中国の属国にさせられる」という論調は、二〇〇七年頃から急に言い出され始めました。それ以前はそんな論議はありませんでした。日本の右派文化人とメディアの論調は、「アメリカと共同で中国を攻めろ。とにかく今のうちに中国を叩け」というのが、週刊誌にまで書かれた論調でした。

　そのあと、二〇〇七年ぐらいから、日本は中国の属国にされる恐れがあると言い始めたのです。私はこの論調に対して、次のように反論しました。「中国による日本属国を唱えるのなら、その前に、日本は現にアメリカの属国だという事実を認めろ」と、言論誌を通じて反論しました。ところが、まったく相手にされず、無視されたままです。事実は、日本はアメリカの属国です。私が唱えてきた「属国・日本論」を認めない限り、私は、「日本は中国の属国にされる論」には加わらないと反論したのです。

「日本は中国の属国にされる論」を唱える論者は、「日米同盟《ザ・ユーエス・ジャパンアライアンス》」こそは世界でいちばん優れた大きな国同士の同盟だと言いたがります。しかし、それはおかしい。フィリピンやインドネシアやシンガポールや韓国にしても、アメリカとはそれぞれ「韓米同盟」や「比米同盟」という名を用い、表面上は互いに対等だと強がります。

最近では、日本人の多くも日米同盟という言葉をあまり信じなくなりました。保守の人たちだけは今でも頑なに信じようとしています。

石平　しかし、日本は自力で国を守るという体制を取り戻さない限り、私は、将来的に日本は中国の属国になってしまう可能性がないわけではないと思っています。

副島　「自力で国を守る」と言ったって、日本には駐留米軍がいるんですよ。占領国です。今の日本の経済体制やら外交姿勢を見ていると、ますますアメリカに毟《むし》られ、内部に立て籠《こも》るしかなくなっています。首相でも財務大臣のポストでも、アメリカが実質的には決めています。

東アジアサミットの失敗で孤立だけが目立った中国

石平　中国が軍事力や海軍力を増大させようとすればするほど、それを恐れる東アジア近隣諸国の反発が高まります。そして、国際社会における中国政府の立場も苦しさを増します。

二〇一一年一一月一九日に、東アジアサミット（EAS。ASEAN〈東南アジア諸国連合〉の一〇ヵ国に日本、中国、韓国、オーストラリア、ニュージーランド、インドを加えた一六ヵ国が参加する首脳会議。経済連携の強化、エネルギーやテロ問題など域内の共通課題について関係各国間で対話するための枠組み構築などを目的とする）が、インドネシアのバリ島で開かれました。このサミットを舞台に展開された米中両国の外交戦が、結局、中国の完敗をもって幕を閉じました。

中国政府は最初から、この東アジアサミットで、これまで焦点となっていた南シナ海領有権に関しての問題（南沙《なんさ》諸島問題）を取り上げることに反対していました。温家宝首相は、「紛争当事国間で解決する問題だ」と言って、アメリカの介入に強く反対したのです。

しかし会議の全体を通して、まさにアメリカの積極的介入と圧倒的な外交攻勢の下で、中国の軍事力拡張への懸念から、一八ヵ国中、一六ヵ国という参加国の大半が一致して「南シナ海問題」をとり上げ、「航海の自由と安全」を主張しました。

その結果、中国の思惑とまったく反対に、この東アジアサミットはまさしく「南シナ海問題一色」の国際会議となり、中国の孤立が目立ちました。

そして、会議で採択した「東アジアサミット宣言」は南シナ海問題を念頭に、海洋安全保障に関して国連海洋法条約の重要性を認識する内容を盛り込みました。それは南シナ海

南シナ海で6ヵ国・地域が領有権を主張する海域

台湾海岸巡防署の資料などから作成

のほぼ全域の領有権を主張する中国への反発であり、明らかに中国の海洋覇権戦略を強く牽制《けんせい》しました。

サミット会議の結果、中国は四面楚歌《そか》となり、歴史的な敗退を余儀なくされました。この一件に関する当時の中国国内の報道姿勢から、中国がこの外交の敗北から受けた衝撃が、いかに大きかったかがわかります。

サミット閉幕の翌日の一一月二〇日、中国の「人民日報」は、当然、一連の関連記事を掲載しましたが、その内容は実に興味深いものだったのです。

一面にサミット関連の記事が四本も掲載されました。それらはすべて、「温家宝首相が東アジアサミットに出席」「温家宝首相が中国の立場を明確に示した」といった調子で、「温家宝首相」を主語にして、中国側の動きと発言の紹介に徹するものでした。

今度の東アジアサミットでは、あたかも中国一国だけが終始一貫、大活躍して、会議全体が温家宝首相の独壇場となったかのような報道ぶりでした。アメリカを中心に各国政府が中国の主張を退けて、南シナ海の自由航海を強調しました。この事実も、中国が会議において孤立した事実も、完全に隠蔽《いんぺい》されたのです。

さらに驚くべきことに、この日の「人民日報」では「東アジアサミット宣言」が採択されたことをも意図的に隠蔽していた。

中国政府は東アジアサミット宣言が採択された事実とその内容を、できるだけ国民の目から覆い隠そうとしました。中国政府が、東アジアサミットは大きな失敗だったとわかっているからこその「緘口令《かんこう》」だったのです。

なぜ中国政府はここまでナーバスになるのか。「中国敗北」の認識が国内で広がると、政権への軍内部の強硬派からの突き上げや反発が高まり、深刻な政治問題となります。物価の上昇や不動産バブルなどの国内経済問題で、ただでさえ政府に対する国民全体の失望感や不満が溜まっています。このような火種《ひだね》に、さらに外交上の失敗が油を注ぐ恐れがあったからです。

このサミット宣言の流れを見ても、世界最強国のアメリカの圧倒的な攻勢と、それを中軸にした東アジア諸国の団結の前では、中国は実に無力な存在であることがわかったのです。

副島　そんなことを言ったって、石平さん。中国の海洋戦略は負けませんよ。とにかく太平洋の公海《オープンシー》を中国の船が自由に動き回れればそれでよいのですから。

中国はすでに二〇〇〇兆円くらい米国債を買っている

石平　ここまでは私が、軍事面から見た中国の国際戦略を述べてきました。ここからは副島さんに、とくに金融経済の面からの中国の国際戦略をどう捉えているかをお聞きしたいと思います。

副島　私にとって重要なのは王岐山《おうきざん》副首相（中国の政治家、経済学者。清華大学経済管理学院、中国金融学院教授。党中央政治局委員、前北京市長）です。前述のように、彼はゴールドマン・サックス出身の前のヘンリー・ポールソン財務長官（アメリカの実業家。一九九九年から証券会社ゴールドマン・サックスの会長兼最高経営責任者〈CEO〉を務め、二〇〇六年から二〇〇九年までブッシュ大統領の下で財務長官を務めていた）と仲が良くて、「中国は米国債を買い続けるから安心しろ」と言い続けました。それで今も中国は米国債を買い続けています。中国がアメリカに対して大きな力を持っているのは、まさしくこれです。北京派ではない上海閥の代表である王岐山の重要性がここにあります。アメリカがいちばん恐いのは、中国が米国債を売り払うことです。そうなるとアメリカ経済はドーンと暴落しますから、アメリカは打撃を受けます。

四年前のリーマン・ショックの直後、ガイトナー財務長官が北京に飛んで行きました。そして、北京大学で講演をして、“Your money's safe.”と言って、安心させました。「あなたたち、中国がアメリカに投資しているお金は安全ですから、安心してください」と。このとき、北京大学のエリートの学生たちは、ゲラゲラと笑いました。これが米中関係の真実です。そのとき以来、毎回、アメリカの首脳は中国に、米国債の購入を頼みに来ています。

中国政府は、「わかりました」と言いながら、「ほんとうに大丈夫か。暴落しないか」と嫌味を言うそうです。胡錦濤と習近平も、二〇一一年八月一七日に、バイデン副大統領が訪中して来た折、「米国債を買い続けるから、保証をせよ」と言ったのです。そのとき中国はアメリカから、ヨーロッパ諸国の債務危機を助けるために、イタリア国債やスペイン国債も買ってほしいと言われました。

そのとき、中国は、「わかった。買うよ。しかし、ヨーロッパ国債を買う場合には保証《ギャランティ》では足りない。担保を寄こせ」と要求しました。この担保とは、ヨーロッパ諸国の貿易用の港湾の利権のことです。自由に港を使う権利と、運営する権利までを中国に売ってくれと要求しました。これは、まさしく石平さんがおっしゃった「中国の海洋戦略」の一環なのです。

私は経済に関しては、すでに中国のほうが優位に立っていると見ています。日本もかなり米国債を買っています。表に出ている金額は二〇〇兆円ですが、ほんとうは日本は一〇〇〇兆円ぐらい買っている。

石平　えっ。ほんとうですか。

副島　そうです。ものすごい金額です。

石平　ちなみに中国が米国債を買っている金額はどのくらいですか？

副島　日本の倍くらいです。恐らく私は、中国はすでに二〇〇〇兆円くらい米国債を買っていると見ています。つまり、今では中国が米国債購入国のトップなのです。ただ、香港にある中国政府系の「ＣＩＣ」という政府投資ファンドが、米国債を密《ひそ》かに少しずつ売っているらしい。期間が長い三〇年物の米国債を、五年物や一年物の短い期間の米国債に買い替えています。そうすると満期がすぐにきて、いつでも償還できるからです。

私は、中国の経済戦略はなかなか強《したた》かで、「アメリカの国債を買い続けます。一緒に仲良くやっていきます」と言いながら、どこかで売り払うのではないかと見ています。そのとき、アメリカは潰れます。膨大な借金は返せないでしょう。それまであと三年だと思っています。そのとき、中国も大損しますが、そんなことは気にしません。世界覇権がアメリカから中国に移るのですから。中国はすでにアメリカの生殺与奪の権を握っている。中国の北京大学のエリートたちはそのことに気づいている。

石平　正直なところ、その辺のところは私にはよくわかりません。しかし、それが真実だとすれば、中国はすでにアメリカの命を握っているのと同然の話になりますね。だからと言って、ここで政治的には中国がアメリカを圧倒しているわけでもない。そこはいったい、どういうことですか？

李白社の好評CDシリーズ

日中
殴り合い対談

副島隆彦

VS

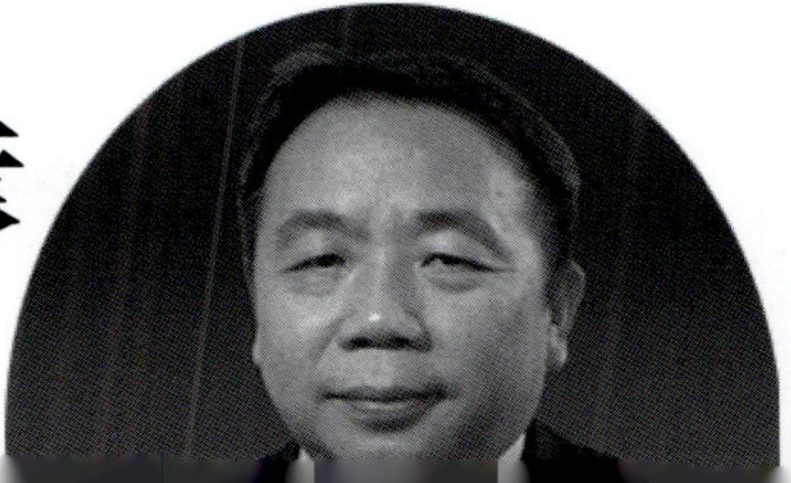

FAX専用申し込み用紙

CDご希望の方は、下記に必要事項をお書きの上、FAXしてください。
お支払方法は、代金引換発送（代引き手数料、送料別途）か振込発送の2通り。
□のいずれかにチェックしていただきますようお願い申し上げます。

◆副島隆彦vs石平 3枚組CD「日中 殴り合い対談」◆

ご 氏 名	
ご 住 所	〒

E-mail （未記入可）	
お支払方法	□ 代金引換発送……11,120円（税込・代引き手数料＋送料） □ 振込発送（郵便振込）……10,000円（税込・送料無料）

※代金引換発送……お申し込み確認後、宅配便にてCDを発送いたします。
商品受け取りの際、上記の代金と商品の引き換えになります。

※振　込　発　送……お申し込み確認後、郵便局の振込用紙を弊社より発送させていただきます。
最寄りの郵便局にてお振込みください。振込確認後、弊社よりCDを発送させていただきます（なお、振込確認に2～3日かかります）。

FAX：03－3513－8572

〒162-0815　東京都新宿区筑土八幡町5-12　相川ビル2F
TEL 03-3513-8571　URL http://www.rihakusha.co.jp/

株式会社 李白社　CD事務局

主要各国の米国債保有額

順位	国名	保有額（2009年5月時点）	前年同月比
1位	中国	8947億ドル	57.5%増
2位	日本	6772億ドル	17.7%増
3位	イギリス	1638億ドル	39.6%増
4位	ブラジル	1271億ドル	16.1%増
5位	ロシア	1245億ドル	95.4%増
6位	ルクセンブルク	963億ドル	28.0%増
7位	台湾	757億ドル	92.5%増
8位	スイス	637億ドル	52.0%増
9位	ドイツ	552億ドル	22.9%増
10位	アイルランド	506億ドル	224.4%増

2009年7月発表の米財務省資料を基に改作して作成。
『あと5年で中国が世界を支配する』（ビジネス社刊）より

金正日亡き後の北朝鮮は中国が抑え込む

副島 たとえば中国政府は、アフリカ諸国や南米との貿易で、人民元を決済通貨にすることを始めました。アフリカと南米諸国がいちばん遅れている地域《リージョン》です。中国はアフリカと南米を取りに行っています。すでに、アフリカ諸国と資源開発で契約を交わしています。

このように、中国の経済的な国際戦略は着実です。用意周到に計画的に世界各国資金が配分され、じわじわと行なっている。そしてやがて米国債が決定的に暴落するときがくると思います。それは、あと三年後だと思います。

そのときに、米国債は半値くらいになって中国も損をします。それでも中国政府はかまわないのです。

石平 それはまさに、経済の視点ではなく、政治の視点ですね。

副島 そうです。長期で米国債を握るということは、アメリカの国を握るのと同じことですからね。

石平 中国はアメリカが発行している全米国債のどのくらいを持っているのですか？

副島 恐らく三〇％くらい持っているのではないでしょうか。あとは、日本やサウジアラビアなどの石油資源国が買っています。

大きく世界を見たとき、火薬庫《アーセナル》は二つしかないのです。それは「極東」と「中東」です。中東とはアラブ、イスラム世界です。極東とは北朝鮮を中心にした東アジアです。このどちらかが爆発して戦争になる。それ以外では大きく爆発する場所はありません。国境紛争や民族紛争は起きますが、大きな戦争はこの二つの地域でしかありません。恐らく中東でのイスラエルによるイラン攻撃があるでしょう。再び中東で戦争が起きるでしょう。

昨二〇一一年一〇月二一日に、リビアのカダフィ大佐が殺されました。あれは民衆暴動などではなく、アメリカのＣＩＡの特殊部隊がやらせたものです。ヨーロッパのユーロファイター（イギリス、ドイツ、イタリア、スペインの四ヵ国が共同で開発した戦闘爆撃機）という戦闘機を用い、地上軍の兵隊を送り込まずに、爆撃だけでその国を占領するという戦略です。ユーロファイターの前を必ずアメリカの無人戦闘機が先導して行きました。これが、今のアメリカの新しいネオコン戦略です。

ヨーロッパの人たちはＥＵをつくりました。ＥＵの拠って立つ基準はキリスト教圏という考え方です。このキリスト教同盟は、だからアラブやイスラム教徒が大嫌いです。トルコという準新興国はイスラム教圏ですから、ＥＵに入れてもらえない。しかし、「もういいよ」という感じで逆転しつつあります。ヨーロッパの没落もひどい。

とにかく戦争をすることで経済を刺激する、という手法をアメリカはやります。戦争刺激経済といいます。日本は大災害がきたりして混乱している。私は、北朝鮮は中国が抑え込むと思います。どうやら北朝鮮軍の幹部たちの中に、アメリカの言うことを聞く者たちがいる。

石平　それはどういうことですか？

下北半島の大間《おおま》原発のプルトニウムが北朝鮮に渡っている

副島　こういうことを言うと、また「副島の陰謀論」と言われそうですが、下北半島の大間《おおま》原発（青森県下北郡大間町に建設中の電源開発のプルサーマル型の最新鋭原子力発電所）の辺《あた》りで、余っているプルトニウムが、アメリカの艦船で北朝鮮に渡っていると聞いています。そのプルトニウムを使って、北朝鮮がすでに四発の核ミサイルをつくって持っている。正確に飛ぶかどうかはわからない。二発は何と北京を狙っているそうです。あとの二発は日本の岩国と沖縄の嘉手納《かでな》の米軍基地を狙っているといわれています。私は、これはほんとうだと思います。

少し話はずれますが、私は三年前に、瀋陽《しんよう》経由で北朝鮮との国境の町、丹東《たんとん》というところに行きました。丹東では北朝鮮の女子学生たちが踊っていました。中国人が、「おい、朝鮮人、踊れ」みたいな感じで威張っているのです。それを見たとき、私は初めて、ハングル（朝鮮語と韓国語を表記するための表音文字。一四四六年に朝鮮王朝第四代国王の世宗《セジョン》が公布した）の重要性がハタとわかったのです。

「自分たち朝鮮人は自分の言語を持っているから、絶対に中国には同化させられないぞ。満州族のように消えてなくならない」。この切実な抵抗思想からハングルがつくられたのです。

日本人はまだこのことがわかっていない。私が初めてわかりました。中国との歴史の中で、朝鮮・韓国民族は意地でも生き延びていくぞ、という願いを込めて使われているのがハングルです。あんな不便な言葉はやめてほしいと私は思っています（爆笑）。昔の漢字表記に戻したらよいのにと日本人は思っています。あんな文字を使われたら筆談もできない。

本論に戻りますが、北朝鮮は中国が抑え、アメリカは韓国から撤退するのではないかと思います。にもかかわらず、中国に対する威嚇としてアメリカが密かに仕組んで北朝鮮に核兵器を持たせたのだと、私は睨んでいます。

中国の首脳は北朝鮮からの二発の核ミサイルを恐れて、どうやら北京を捨てて、洛陽《らくよう》に政治首都を移そうとしています。洛陽こそは漢民族の故郷であり、中心地です。何度も中国王朝の首都となった都市です。ここに首都を移すという動きがあるといいます。中国でさえ北朝鮮を抑えつけるのはそれくらい大変なことなのです。

石平　確かに、中国にとって北朝鮮はすごく厄介な存在です。中国にとっての北朝鮮は、利用する価値はあるのですが、暴走されては困ります。先ほどのハングルの話ではないですが、北朝鮮がもっとも敵だと思っている国は、アメリカではなくて、実は中国なのです。

副島　そのことを日本の保守言論人が知らないのです。何にも知らないのです。とにかく、「北朝鮮が大嫌い、拉致《らち》被害者を返せ」、これだけを話します。

日本の保守言論人が嫌いなものは三つしかない。「日教組と北朝鮮と中国」です。ただ嫌いだというだけで、それ以上の理屈はないのです。

私は北朝鮮の核が中国を狙っているという事実は非常に大きいと思っています。それでも中国がジワジワと西太平洋までを中国の国防圏に入れていけば、中国の戦略は安定します。

それでも中国は「平和な帝国」を目指す

副島　これも日本人が理解していないことですが、中国はアメリカに譲歩している。米国債を買い続けるから、その代わりに、日本や韓国、台湾を使って中国に軍事力で嗾《けしか》けるのをやめてくれ、という考え方です。恐らく今から七年ぐらい前に、アメリカ政府は日本を中国に嗾けることをやめたのです。

アメリカで使われ出した「ザ・カルト・オブ・ヤスクニ」という英語があります。これは「靖国神社を必死に参拝する日本の右翼言論人たち」という意味です。昭和天皇の発言が話題になった「富田メモ」（二〇〇六年七月に日本経済新聞がその存在を報道した。元宮内庁長官・富田朝彦がつけていたとされる天皇の発言メモ。昭和天皇が七五年一一月を最後に、靖国神社を参拝しなくなった理由が書かれている）というものがあり、「日本経済新聞」がスクープした形をとりました。

このとき、小泉首相の靖国神社参拝を擁護した『正論』や『諸君！』の言論人たちがアメリカに切り捨てられたのです。そして、『諸君！』が廃刊になり、その役目を『ＷＩＬＬ』（ワック出版刊）という月刊誌が継承することになりました。それ以来、「読売新聞」も極端な反中国路線を取るのをやめました。

石平　文藝春秋の『諸君！』を切ったのはアメリカだったというのですか。

副島　そうです。『諸君！』には、私を騙したSという編集長がいました。彼は、「今の財界人は〈媚中《こびちゆう》〉だ」と言って、日本の財界人たちにまでケンカを売ったのです。日本の財界人は、「私たちは中国で商売をしている」と言いました。「松下もトヨタも中国で商売をやって生きている」と。つまり、財界人と言論誌がケンカになった。アメリカも中国とは共存すると決めた。アメリカがついているのでは、右翼言論人たちが勝てるわけがない。

靖国神社参拝問題の陰には、こういう流れがあったのです。
私はこのような真実を暴くことが専門ですので、よくわかります。ですから、彼らは私のことを大嫌いです。つまり二〇〇七年頃から、アメリカの中国の捉え方にはこのような転換があったのです。
私は中国は穏やかに世界覇権を取ると思いますよ。どこから見ていても、今の中国は不安定な感じがしません。日本語に「横綱相撲」という言葉があります。相撲の取り方でいちばん素晴らしい技《わざ》は、「がっぷり四つ」に組んで、そして押し相撲でグイグイと押して、相手に土俵を割らせることです。投げ飛ばしてはいけないのです。投げ飛ばしたら、自分も打撃を受けます。ほんとうに強い横綱は、ひたすら押し相撲をします。これが最高級の技です。

石平　中国は具体的には、どういう範囲で覇権を取るとお思いですか?

副島　「中国は平和な帝国を目指す」というのが私の考えです。「中国は〈和平崛起《わへいくつき》〉の大国である」と言ったのは温家宝首相でした。ですから、中国は当然、平和的に世界に台頭すると思います。

石平　いや、私はそうは思いません。

副島　それは石平さんが、『私はなぜ「中国」を捨てたのか』（ワック出版刊）という本で書

「中国は〈和平崛起《わへいくつき》〉の大国である」と言った胡錦濤国家主席

胡錦濤国家主席はホノルルでオバマ大統領と会談し温家宝首相の提起した「和平崛起《わへいくつき》」を表明した

かれていたように、まさしく鄧小平も言った「老子道徳教」の中の「韜光《とうこう》」です。

石平　でも韜光は目的ではなく手段です。実力が充分になるまでは、爪を隠して韜晦《とうかい》する。そういう意味合いです。

中国の世界戦略目的は、『老子』の中の「韜光《とうこう》・韜晦《とうかい》」戦略ではない

副島　石平さんは、ご自分の本で、日本の天長節《てんちようせつ》（かつての天皇の誕生日の称。「天長」は『老子』の「天長地久《てんちようちきゆう》」からとられている）という言葉の出典を挙げています。

ここで、少し引用させていただきます。

――戦前では、天皇誕生日は「天長節」と呼ばれていたが、この「天長」という言葉の出典は、実は中国古典の一つである「老子」にある。

『老子道徳教』とも称されるこの書物は、二千数百年前に老子という伝説の謎の人物が著したといわれる珠玉の格言集で、いわば「中国的智慧」の集大成のようなものである。「天長節」の出典となるのは、「天長地久」（天は長く地は久し）の文言で始まる「老子」の中の「韜光《とうこう》第七」という節である（以下略）――

石平さんたち中国人のエリートは全部、こういうことをわかっています。ところが、日本の知識層はどんどんわからなくなりました。ほんとうに、ここの記述に私は驚きました。

「韜光《とうこう》」という言葉の意味は、「薄ぼんやりと、ボケーとしている状態」を表します。

石平　ボーッとしているように見えますが、実は大きな志を持っている人のことです。

副島　そうですね。つまり、「正体を見破られてはいけない。本心を明かすな」という思想です。石平さんが「韜晦《とうかい》」（自分の本心や才能・地位などをつつみ隠すこと）という言葉も使いました。

石平　かつて鄧小平がそのような戦略を取りました。

副島　ですから私は中国の戦略は、「韜光・韜晦」だと思っています。

石平　いや、それは戦略の一部で、戦略そのものではありません。目的を達成するための一手段にすぎません。戦略的目的そのものではありません。

副島　最近、中国で日本研究をする知識人たちが私の書いた本にびりびりしています。たとえば私の『あと5年で中国が世界を制覇する』（ビジネス社刊）という本のタイトルを見て、ほんとうに悩んでいるのです（笑）。中国人のほうが、「そんなことがほんとうに可能なのですか」と私に聞く。「はい、そうなります」と私は答えます。外側からの冷酷な目です。なぜなら、経済の動向とは、主観的にどうしたい、こうしたいではない。あくまで現実を見たうえでの世界史の波です。一二〇年間で世界覇権《ワールド・ヘジエモニー》は他の国に移っていく。

石平　副島さんの「中国が世界を制覇する」というのは、軍事的な意味での戦略か、金融的な意味における戦略か、どちらなのですか？

副島　中国は軍事的な支配など考えていないと思います。経済・金融と文化の支配だと思います。

石平　金融による世界制覇で大事なポイントは、確かに中国はアメリカの巨額な国債を持っている。しかし、それだけで中国が世界の金融システムを制覇できるのですか？

副島　米国債の所有だけでなく、中国は実物の経済においてもすごいものがあります。中国製はまだまだ製品の質が悪いといわれていますが、どんどん良くなっています。「比較相対的に勝つ」という考え方があります。中国の産品は質が劣るといっても、充分に役に立てばよいのです。高価な最新式の電気製品などなくても快適に暮らせます。ヨーロッパが没落し、アメリカが没落すると、どこが立ち上がるのですか？

石平　そのときは、やはり、中国の経済も没落すると私は思います。

副島　石平さんはご自分が中国人だから、そう見えるのです。外側から見ていると、中国以外、他にないのです。つまり「比較相対的」にという問題ですから、皆が没落するということはない。恐らくどこかの国が勝つのです。中国を筆頭とする新興大国（BRICs《ブリックス》。新興大国。ブラジル、ロシア、インド、中国）の勝ちでしょう。

二〇一五〜一六年には中国がアメリカを逆転する

石平　アメリカの経済が没落し、どこかの国が勝つといっても、私にはピンときません。ところで、今、中国の経済は世界でどのくらいの比率ですか？　また、アメリカはどのくらいの比率ですか？

副島　私はいつも金融・経済の表をつくっています。世界ＧＤＰでは、アメリカが一四・二兆ドル（約一二〇〇兆円）くらいです。中国は五・六兆ドルといわれていますが、ほんとうは八兆ドルぐらいあるのです。そうすると、もうすでに中国は世界ＧＤＰの一五％ぐらいを占有しているかもしれません。一般には八〜九％くらいといわれています。日本は、一九九〇年のバブル真っ盛りのとき、一瞬、アメリカを抜いたかもしれません。ただし、一ドル八〇円とか九〇円の為替レートで計算したらの話です。日本だってあのとき、世界ＧＤＰの一四、五％までは行ったのです。ところが今は、たったの六％です。

石平　世界経済におけるアメリカのＧＤＰ占有率はどのくらいですか？

副島　いちばんすごいときは三〇％くらい行きました。今は二二、三％くらいです。ＥＵとそれ以外の諸国を含めたヨーロッパ全体で三〇％くらいです。この四、五年でＢＲＩＣｓがどんどん追い上げています。

石平　もし、アメリカとEUの成長率がこれからも〇《ゼロ》%成長だとすると、中国経済はどのくらいの成長率で、あと何年でアメリカを追い抜くことができますか？

副島　ゴッツン……（笑）。恐らく二〇一五〜六年には中国がアメリカを逆転します。

石平　そのときの、中国の成長率の基準はどのくらいですか？

副島　中国の経済成長率が八〜九%ずつあれば達成可能です。

石平　二〇一一年の経済成長率は九・二%でした。そうすると、あと三〜四年でアメリカを追い抜くわけですね。しかし、これから中国は、はたして八〜九%の成長率を維持することができるのか、疑問です。

副島　確かに、私は楽観的な見方をしているのでしょう。大きなどんぶり勘定で見ています。日本のGDPはずっと一〇年間も四・二兆ドルで、これからも大きくは変わらない。ヨーロッパがもう少し落ちます。そしてアメリカが下がり続けます。ですから遅くとも二〇一六年には、中国がアメリカを逆転するでしょう。

石平　ただし、最新の中国情報では、二〇一一年の一一〜一二月になって、政府の予測としては、二〇一二年から経済関係者の共通認識として低成長期に入ると予測しています。

副島　八%を維持することは無理ということですか？

石平　八%成長はとても無理です。たとえ、これから中国の経済成長率が八%と発表され

日・米・中3ヵ国の名目GDPと5年後の予想

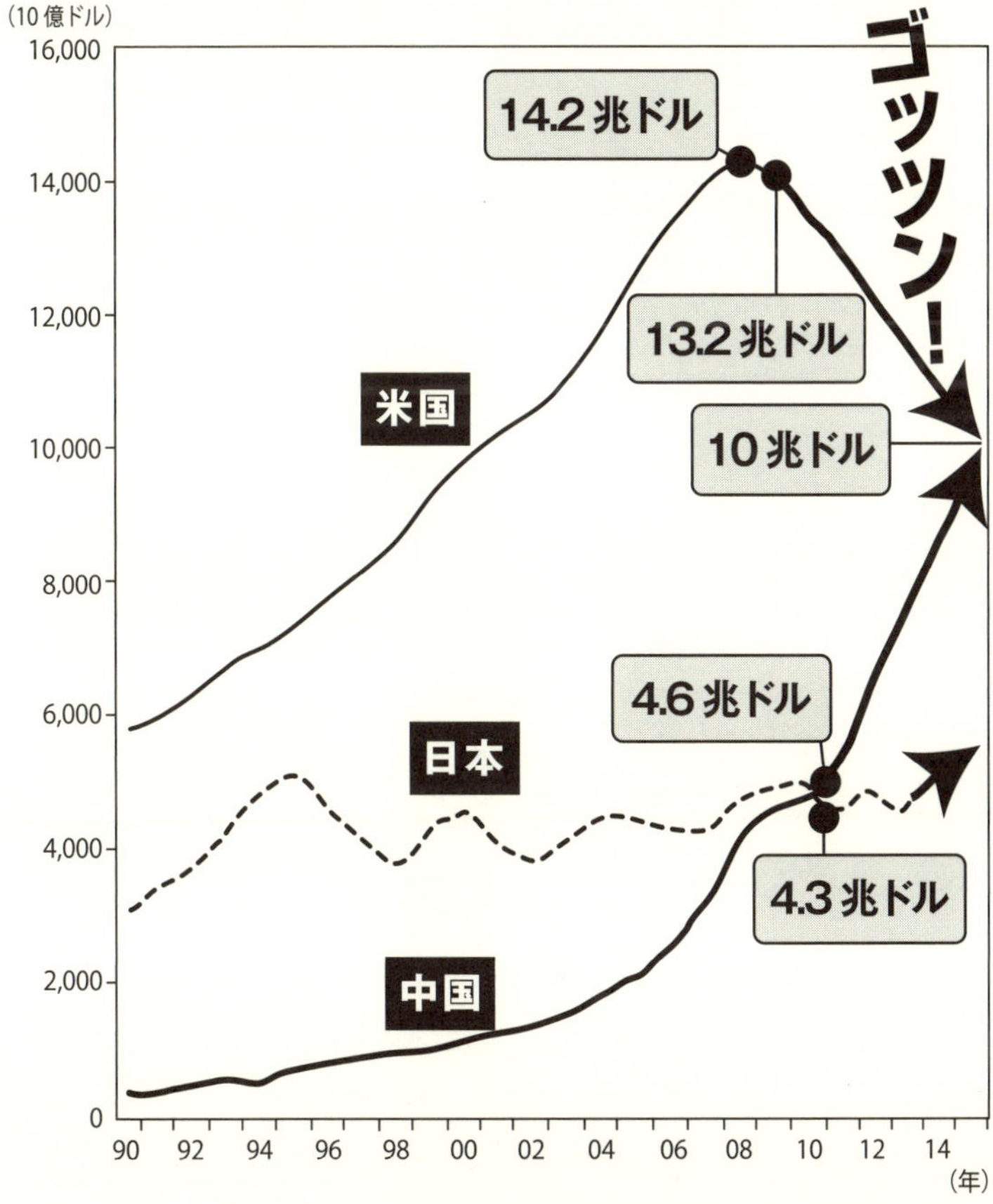

出典：IMF-World Economic Outlook（2009年10月版）
『中国バブル経済はアメリカに勝つ』（ビジネス社刊）より

アメリカは衰退していく。GDPが１年で１兆ドルずつ減少する。それに較べて中国は毎年1.5兆ドルずつ増える。日本は少ししか上がらない。

てもほんとうかどうかには疑問があります。それより、今、政府関係者が言っていることは理にかなっているのです。今の中国で基本的に認識されていることは、これまで中国経済を牽引してきたのは、対外輸出と国内の不動産投資だったということです。この二つ、つまり、輸出の伸びと不動産価格の値上がりが毎年、二五%以上もあったのです。場合によっては三〇%もありました。

しかし、中国の対外輸出がこの先、どこまで伸びるかといえば、これから二〇%以上の伸びは無理です。中国の輸出先は大体EUとアメリカと日本ですが、副島さんが指摘されているように、これらの国の成長率は落ちる一方です。だから中国からの輸出も減ります。

もう一つ不動産投資ももう限界です。不動産に過剰投資し過ぎたためのバブルです。もう一つは、投資を支えるために起きたマネーフローの過剰とその結果に起こったインフレです。二〇一〇年から政府は金融引き締め政策を取り始めました。最近では不動産価格の急落が頻繁に起こっています。

第4章

中国はバブル経済と大恐慌を乗り越えられるか?

温《おん》家《か》宝《ほう》首相の「GDP成長率引き下げ」表明の真意を解く

中国政府のGDP成長率引き下げ表明は金融緩和の限界を示す

副島　前回、お会いして一ヵ月も経たないうちに、石平さんの予測されていたとおり、中国の温家宝《おんかほう》（首相）が、二〇一二年二月一四日に、中国の国内総生産（GDP）の成長率の目標を、前年の八％から七・五％に引き下げると表明しました。これでも、中国経済は持続的な成長を維持し、外部圧力を和《やわ》らげることができるという認識に中国指導部が達したからです。

この点に関して、石平さんはどうお考えですか。

石平　経済成長率の引き下げといえば、政府が目標にしなくとも勝手に落ちてしまうものです。だから、景気が落ちる前に成長率を引き下げたほうがよいというトリッキーな政策です。

副島　でも、成長率の目標値の発表は、計画経済の国でなくても今はやりますからね。つまりは、中国も金融緩和をするかしないかということですね。裏でアメリカがやれやれといっているからです。

石平　今、世界銀行とＩＭＦ（国際通貨基金）は一生懸命に中国に金融緩和を促しています。

副島　そうです。中国政府にお金をジャブジャブ刷って放出せよと言っています。日本も白川方明《しらかわまさあき》日銀総裁が、自民党の〝上げ潮派〟（ローレンス・クライン・モデル派。ノーベル経済学賞受賞者ローレンス・クラインが、自民党「上げ潮政策」のバックボーンになっており、「日本は三％の経済成長が可能」と指摘している）にひどく脅迫され、さらに一〇兆円の金融緩和をするべきだと迫られています。中国の場合は脅されないだけましです。脅しでは中国は動きません。日本は脅されたらすぐに言いなりになります。

そこで、いつ本格的に中国が金融緩和《イージング・マネー》を行なうかが大事なポイントです。私は次のヨーロッパ発の大恐慌までは、中国はじっと我慢をして、金融緩和をすべきではないと考えています。アメリカとヨーロッパが経済政策《エコノミック・ポリシー》の失敗で没落を始めたら、そのときを狙って一気に景気刺激策を採り、金融緩和をするべきと考えています。

石平　問題は中国国内で、金融緩和をする余地がどれくらいあるかです。やはり、中国政府はインフレを恐れています。今、中国がインフレに見舞われているのは、金融緩和をやり過ぎたからです。お札を刷り過ぎて、市場に放出し過ぎると、当然、お札の価値が減り、物価が上昇し、インフレになります。

物価が上昇すると、貧困層がますます困窮し、社会的な大混乱に陥ります。だから、政府は、二〇一二年三月一五日の全人代会議の「政府活動報告」の中で、二〇一二年の経済成長率目標を前年の八％から七・五％に引き下げることを、温家宝首相に表明させたのです。ここでは、物価の安定を図ることをポイントの一つにしています。物価の安定を図るには、金融緩和はせいぜい、微調整くらいで、大掛かりな緩和はできなくなります。状況に応じて、少しだけ緩和の方向へ持って行くだけです。以前のような大胆な金融緩和政策はできません。もし、もう一度やってしまったら、大変なインフレに襲われてしまうからです。

そこが、中国政府が抱えるジレンマなのです。共産党政府は常にこのジレンマの中で揺れています。金融緩和を行なわなかったら経済はますます衰退する。しかし、金融緩和をやってしまえば、インフレが増大する。この匙《さじ》加減をどうするかがけっこう難しいのです。

李克強《りこくきょう》（副首相）は、自分の代でのバブル崩壊を恐れている

副島　石平さんは常に、温家宝（首相）のことを批判されますが、私は温家宝が経済政策では大勝利したと考えています。

石平　いや、私は逆の見方をしています。温家宝のやったことは一時的に大成功したように見えますが、中国経済に大変な禍根を残したと思います。インフレの災いのタネを彼が撒《ま》いたからです。

副島　二〇一一年の一二月から、中国では明らかに物価が下がり始めましたね。

石平　いいえ、下がってはいません。それは混同されています。確かに消費者物価指数〈消費者が実際に購入する段階での、商品の小売価格〈物価〉の変動を表す指数〉は下がりました。が、物価そのものは、まだ下がってはいません。物価は依然として上がっています。しかし、物価上昇の上げ幅は以前より下がっています。

副島　石平さんは、激しいインフレが中国を崩壊させると、常に言い続けてきました。ところが、今、物価が下がりだしています。私は、最近、中国に行きましたので、そのことを肌で感じて知っています。中国のＣＰＩ《シーピーアイ》（消費者物価指数《コンシューマーズ・プライス・インデックス》）はどんどん下がっています。土地・住宅価格の値下がりも続いています。

石平　いいえ、物価はけっして下がってはいません。消費者物価指数の上昇率が以前より下がっているだけです。

副島　それではお聞きしますが、石平さんはデフレとインフレとどちらがよいと思いますか。

石平　中国にとっては両方とも大変です。政府の立場からすれば、経済面だけでなく、社会全体の安定を保つためには、デフレよりインフレを恐れていると思います。極度のインフレが、時の政権を吹き飛ばすことさえあるからです。

政府は社会全体の安定を維持することが先決で、そのための維持費は、今、国防費を上回っています。こんな国家はどこにもありません。国防費を上回るお金で社会の安定を維持させる。そこまでやるということは、逆に言えば、社会がすごく不安定だからです。恐らく、政府としてはインフレ退治に躍起なのです。

副島　その中国の物価安定のための維持費というのは、輸入価格を上げさせないために、米ドルを買い続けていることですね。人民元を安く維持することで中国経済の安定を保っている。二〇〇八年九月にリーマン・ショックが起きたときに、中国政府は五兆元（六〇兆円）近い巨額の財政出動を行ない、お金を各省にジャブジャブと配りました。そして、当時一台二〇〇ドル（三万円）くらいで買えるパソコンなどをいっぱい国民に買わせました。あのときのジャブジャブ・マネーが理由で、インフレが起きたと言うとしたらナンセンスです。あのときの中国政府の財政出動は世界全体からの視点でも、タイムリーでものすごくよい決断でした。

しかし、その後、確かに中国には二〇〇九年の住宅バブル問題が起こりました。石平さんがご本で書いているとおり、北京大学の教授たちでさえ、「あなたはもう不動産の三軒目、四軒目を買ったか」などと話し込んでいたほどの狂熱的な住宅投資ブームでした。株式のほうは値下がりしたまま抑え込まれています。これは石平さんが日本人に教えてくれた大事なテーマです。金融緩和というのは、不動産の三軒目、四軒目を買うための住宅ローンを銀行が下ろすか、下ろさないかという話です。今でもなお、それをやってくれという人たちがいるのです。

こんな歪《ゆが》んだ金融緩和などやるべきではないのです。金融引き締め政策（金利を上げる）を続けるべきです。

石平　今度（二〇一二年三月）の全人代でも、確かに「金融引き締めはやめて、もう一度、緩和すべきだ」という意見が出ました。しかし、それはもはやできないでしょう。このことにどのような要素が関わってくるかというと、次に首相になる李克強《りこくきょう》（副首相）の思惑もあったからです。中国では総理大臣（国務院首相）が主に経済政策に関わり、国家主席は経済政策に関わりません。それで、次の首相に据えられる李克強が、今何をいちばん恐れているかといえば、自分の代になってバブルが崩壊することです。

第１章でも述べましたが、李克強が今考えていることは、「自分が首相に就任する来年（二〇一三年）の前に、バブルを潰してしまえ」ということです。今、潰しておけば、温家宝（首相）の責任になる。逆に温家宝のほうも腹黒い。温家宝は自分の代でバブルを潰さないように、いろいろと延命策を講じています。「自分が退任したら、あとはどうなろうが知ったことではない」からです。

しかし、今の状況を見ていると、李克強のほうが徐々に主導権を握っています。二〇一二年二月も上海で、不動産の急激な値下がりへの対応として金融の緩和を行なおうとしました。しかしこの緩和政策が発表された翌日に、李克強がすぐに上海に飛んで行き、「お前たち、金融を緩和することはやめろ」と牽制しました。

上海の当局（地方政府）は、この新しい金融緩和政策を発表して一週間も経たずに撤回しました。これは李克強が撤回させたのです。李克強は自分が就任する前に、不動産バブルをどんなことがあっても潰したいと考えているのです。

中国の富みを信用の土台にしていけば、人民元は世界通貨になれる

副島　私は国務院の温家宝と李克強が素晴らしい経済政策の舵取《かじと》りをしてきたと思います。簡単に言うと、中国共産党は、国民に株で儲けさせるか、土地（住宅）で儲けさせるしか方法がないのです。こちらがダメならあちらで儲けさせるということを、中国の中産階級から上の人たちと約束してやってきた。

今は、株も土地も両方とも抑え込んでいます。この三年間、株価もきつく抑え、土地住宅のバブルも徹底的に抑えつけています。だから、あまり値上がりし過ぎた高級住宅を買えないままに、大量に空き家のまま放置されています。これらは投資物件として安い住宅

ローン金利で買われたものです。

これから三～五倍に上がるという投機目的で物件を山ほど持っている人たちがいます。この人たちの不満と、その下の民衆の不満は別です。そこの区別をつけないで議論をしてはいけない。

ほんとうの困窮層の労働者階級を保護するのか、不動産を三～五軒も持っている、あるいは日本円ですでに一～二億円くらいも持っているような中産階級層の人たち（大都市の市民をいう）を大事にするのかという問題になってきています。そこをごちゃ混ぜに議論してはいけない。

石平　今の状況から見れば、風向きはだんだん一～二億円持っている中産階級層の人たちのほうに向いています。実は序章で述べた「薄熙来《はくきらい》（重慶市党委書記）失脚事件」はその一つの象徴でした。要するに、中国では大衆路線が潰されたのです。

副島　計画的に失脚させられた薄熙来は、貧乏人（大衆）の味方の振りをしていたのですね。腐敗した偽善者である上海閥は本心では自分たちの利益しか考えません。そのくせ民衆の味方のふりをする。こういう伝統は国民党の時代から徹底しています。それに対して、ようやく出来上がってきた本物の中産階級を大事にせよと、私は言いたい。新しい中産階級の人たちが一～二億円を持っていたってかまわない。ここに李克強は自分の強固な支持基盤を築こうとしている。こういう中国の堅実な富を、世界に対する信用の土台にしていけば、やがて人民元は世界通貨になっていくのです。中国はそういう信用を勝ち取るべきです。

先ほど、石平さんがおっしゃったように、お札《さつ》というのはそれ自体は紙切れです。経済学では「流動性」といいます。リクィディティ（liquidity）といい、水のことです。政府の次元では、そのお金（お札の量）が過剰流動性の災いを起こすか起こさないかだけの問題です。ところが今の悪辣《あくらつ》なアメリカ政府に騙されて、ECB《ヨーロッパ・セントラル・バンク》（欧州中央銀行）が無制限に今、お札を刷り始めています。

ECBが何をやっているかというと、ほんとうは潰れているはずのウニクレディト銀行（ユーロ圏では一位、欧州で三位、世界で六位の資本を持つ）というイタリア最大の銀行に現金輸送車で、お札を山積みにして潰さないで支えています。さらにスペインのサンタンデール（スペイン最大の商業銀行グループ。二〇〇四年にはイギリス第六位の商業銀行グループであるアビー・ナショナル銀行を買収し、ヨーロッパ最大級の金融機関に成長した）という銀行もお札を山積みにして支えています。

このようにECBはやってはいけないことをやっています。ヨーロッパ人は愚かではなかったはずなのに、完全に愚者に成り切ってしまいました。大銀行を潰さないためなら何でもする。一三年前の一九九九年に、日本の小渕恵三政権が八〇兆円にのぼる国債を発行して、銀行救済を行ないました。ジャブジャブにお金を刷り、民間銀行を政府のお金で救済した。小渕首相は自らを「一〇〇兆円の借金王」と呼んで脳出血で倒れました。

このときに、日本を鼻で笑って軽蔑《けいべつ》したのがアメリカのポール・クルーグマン（アメリカの経済学者、コラムニスト。現在、プリンストン大学教授。ノーベル経済学賞を受賞）たちでした。しかしそのクルーグマンが、「私は日本に謝らなければいけない」と三回も書きました。「自分たちはあれほど、日本をバカにしたが、まったく同じことを今われわれがやっている」と謝りました。彼は正直者です。

そのことをじっと見て、知っている中国のいちばん頭の良い政策立案者たちは、絶対に方向を間違えません。それほど今の中国の指導者は優秀だと思います。中国は、上に行けば行くほど立派な人物がいる。日本は、上に行けば行くほどバカがいる（笑）。いや、冗談でなく、中国人たちがそのように言っています。それは日本人がアメリカに脳をやられているからだと、いくら石平さんに申し上げても信じてくれないでしょう。日本は政・官・財の中枢部が全部、アメリカに握られています。

日本はアメリカに、米国債やニューヨーク州債などを買うという形で、一〇〇〇兆円ものお金を放出しています。そんな状況なのに、さらに消費税の増税政策を提唱しています。

アメリカ側に、「貸したお金を少しは返してください」と、一言も言えないのです。世界最大の債権国家で、大変な金持ち国家なのに、国民がこれほど貧困に陥っているのに、日本政府はアメリカには何も言えないのです。

中国の内需拡大は、これ以上あり得ないと説く周小川《しゅうしょうせん》（中国人民銀行）総裁

石平　前述のように、温家宝（首相）はGDP成長率の目標を七・五％に引き下げました。それで、これからは国内投資も縮小していく一方でしょう。不動産投資と国内投資の二つの牽引力がこれから落ちていく傾向にあります。

さらに一般庶民の国内消費能力にもかなり大きな問題があります。一つは、貧富の格差です。ほんとうに消費能力を持っている金持ちたちが、最近の傾向として、資金を持ち出して海外に離脱している。彼らの消費は海外で行なわれています。また、庶民の消費も今は大きく伸びることはできません。一般庶民の消費を大きく伸ばすには給料を上げることがいちばんよい方法ですが、給料を上げると、さらにインフレが拡大します。インフレになると労働力が高くなり、対外輸出の力がますます落ちてしまいます。

こうしたジレンマの中で、これから中国の消費や内需は拡大できるのでしょうか。中国の中央銀行である中国人民銀行のボス的存在である周小川《しゅうしょうせん》総裁（二〇一〇年八月末、米国

中国の不動産バブルの崩壊はいつ起こるのか？

中国の内需拡大は、これ以上あり得ないと説いた
周小川（中国人民銀行総裁）

北京市郊外で建設が進む高層マンション

債の取引で四三〇〇億ドルの損失が生じた責任で、解任されると一部では報じられた）は最近、こんなことを言いました。

「みんなは中国の内需の拡大を期待するけれど、それは容易ではない。日本はバブルが崩壊して二〇年経っても、まだ、内需の拡大はできていない。だから、われわれも容易に内需の拡大はできない」。かなりな真実を言っています。

逆に言えば、内需もそれほど拡大できない、投資も輸出も伸びないということです。そうすると、理論的にどう考えても、中国が今までの高い成長率を維持するのは難しいのではないかというのが、今の現実です。

副島　石平さんは、正確な数字の根拠に基づいてお話ししていると思います。あなたの『中国経済がダメになる理由』（三橋貴明氏との共著。PHP研究所刊）を読んで、中国の一流の経済学者たちの細かい分析と予測も理解できます。しかし、私はあくまで比較相対的に《コンパラテイブリー》見ています。比較相対的に、あなたが考えているより、ヨーロッパとアメリカのほうが中国よりもひどく、大恐慌に近い状況です。

日本は恐慌がここ一〇年、ずうっと続いていて、ほんとうに惨めな国になってしまいました。今、対談しているこの部屋は一流ホテルですが、ご覧のとおり壁紙も茶色くなったままで設備投資ができなくなっているのです。

中国には万科企業という巨大な不動産デベロッパー会社があります。あの会社が不動産バブルを徹底的に起こしたのです。この会社が潰れるようだと、中国も危ないかなと見ています。

石平　万科企業は、今、潰れるような状況ではありません。ただし、この会社は二〇一一年に「これから土地はもう買わない」と宣言しました。現金をできるだけ多く手元に取っておいて、売れない不動産をよけいにつくらない。要するに、完全な「縮小戦略」です。どうして縮小するのかというと、縮小しないと経営が危ないからです。万科企業では最近、このような戦略を固めました。

副島　この、万科企業という会社は一流企業なのにやり過ぎたのでしょう。

石平　万科企業は完全に民間の企業です。

養豚・養鶏の副業に精を出す世界第四位の武漢鉄鋼公司

石平　万科企業の例が出てきましたので武漢鉄鋼公司（武鋼）という企業の例をお話しします。武漢鉄鋼公司は従業員が九万人、生産規模は世界の鉄鋼業界第四位という、中国の代表的な鉄鋼大手です。この企業の総経理（社長）である鄧崎林《とうきりん》氏は、二〇一二年三月二日、地元新聞の取材に応じて、こんな面白い話をしていました。

「中国の鉄鋼業はすでに厳冬期に入り、それが今後も続く」と指摘したうえ、その危機を乗り越えるためには、「武鋼は多角経営に乗り出すしかない」。

そして、鄧崎林社長の口から出た多角経営戦略の目玉はなんと、「養豚《ようとん》・養鶏《ようけい》業への進出」だったのです。武鋼はすでに、養豚・養鶏場の建設用地を確保して準備を急いでいるというのです。

世界第四位の鉄鋼大手が養豚・養鶏に手を出すとは、まさにびっくり仰天の大珍事ですが、それにはそれなりの理由があるのです。

過去数十年間、中国の高度成長とともにすさまじい発展を遂げてきた鉄鋼産業は、二〇一〇年から下り坂に転じ始めました。たとえば、鉄鋼業界の利益率は、二〇〇四年の八・一一%をピークに下降し、二〇一〇年には二・五七%と、全国の工業の各分野の中で最低レベルとなり、二〇一一年一〜一一月にはこの数値が二・五五%にまで落ち込んだのです。

二〇一二年に入ってからも鋼材市場の消費は伸び悩み、価格は継続的に下落する一方、在庫だけは急速に増えています。中国鉄鋼工業協会の発表では、二〇一二年一月末時点の全国二六ヵ所の主要鋼材市場での鋼材の在庫量は一五七万トンと、前月から二二・〇二%も増加したのです。

鉄鋼需要が下落した背景には、現在進行中の経済成長の減速と不動産バブルの崩壊があります。たとえば、成長の象徴である自動車市場の場合、二〇一〇年の全国の自動車販売台数が前年比三二・四四％増だったのですが、二〇一一年には二％台にまで激減しました。同じく二〇一二年一月の新車の販売台数は、前年同月比で二六％減に落ち込んだと、中国汽車工業協会は発表しています。

一方、中国指数研究所が三月一日に発表したところによれば、中国の一〇〇都市の不動産価格は、二〇一二年二月までにすでに連続六ヵ月も下落しています。たとえば首都の北京の場合、二月の不動産平均価格は前年同月比で約三〇％も暴落した、と北京当局が発表しています。

自動車産業と不動産産業の不況は当然、鉄鋼需要の激減につながって、鉄鋼産業を直撃します。が、それに追い討ちをかけたのは、金融引き締めによる公共事業投資の減少です。たとえば鉄道建設の場合、中国鉄道部が二〇一二年二月一五日に発表した数字では、二〇一二年一月の全国の鉄道建設投資は前年同期比では、実に七六％も減ったということです。

過去十数年間において、自動車産業などの新興産業の発展と、不動産投資や公共事業投資からなる固定資産投資の急速な伸びが、中国経済全体の急成長を引っ張ってきました。

しかし、ここで「成長エンジン」はそろって失速し始めたのです。その結果、経済全体は下り坂に転じてしまい、鉄鋼産業も当然「厳冬期」を迎えたわけです。つまり、天下の武鋼公司が「養豚・養鶏」の副業に精を出すことは、まさに二〇一一年からの中国経済の減速の結果であり、その象徴でもあるのです。

こうした流れで、二〇一二年三月の「全人代政府工作報告」の中で、温家宝首相が表明した、今後の「成長目標」を七・五％に引き下げたことの意味は理解できます。何のことはない。どうせ経済は転落していくのだから、成長目標を先に引き下げたほうが政府もやりやすくなる、というのが中国政府の目論見でしょう。すでに高度成長は終止符を打たれているのですから……。

中国は世界大恐慌になっても乗り切れる

副島　それでも成長率が七・五％もあれば立派なものです。武漢鉄鋼公司が「養豚・養鶏」の副業を始めたとは初耳です。大企業の業態転換の話とは少し異なりますが、私は最近、「民営化」という言葉はほんとうに嫌な言葉だと思っています。プライヴェタリゼーション（Privatarization）ですから、ほんとうは「私有化」と訳すべきなのです。「民営化」という言葉を使いながら、民営化（株式会社化）したところに、官僚がいっぱい潜り込んでいるのです。日本では「官から民へ」と言いながら、「民営化」したはずの大企業の株式の三〇％を今も「財務大臣」が所有しています。これは完全に官有化（官僚所有化）です。

ちっとも私有化になどなっていない。NTTもJRも東電も民間企業のふりをした巨大な官有会社だ。私は怒りを込めてこのことを言います。

中国の大企業を見ていてこのまやかしがわかったのです。中央電視台（日本のNHKに相当）というテレビ局は国有企業なのにもかかわらず、どんどん企業CMを流していますね。高級家具や洋服の宣伝もしている。この会社の大株主である中国共産党が巨大な資本家なのです。共産党自身がものすごくお金を持っていて、裏で金貸業をやっているのではないのですか。

石平　副島さんがおっしゃるような世界大恐慌になると、中国経済もものすごい打撃を受けるでしょう。そうなれば中国からの輸出はかなり落ちます。もう一つは、今、すでにその兆候が見えています。欧州の国家債務危機の中で、中国からも外国資本が逃げ出している傾向があるのです。儲からなくなったことと、自分たちの資金が不足しているからです。

副島　外国の企業は中国の内陸部にまでは、進出しようとしていません。内陸部に「来い、来い」と誘われて、外国企業がたとえば内モンゴル自治区などに進出しても、そこはすべて中国の産品で間に合っていますから、日本もアメリカ、ヨーロッパの企業も中国の内陸部に進出する力がもうありません。

石平　そうすると、中国も大恐慌を免れなくなるのではないですか。

副島　大恐慌の影響は受けるでしょう。しかし、中国は受ける打撃に耐えられます。比較相対的にいちばん打撃の少ないところが生き残るのです。

石平　いや、どうでしょうかね。というのは、何度も言いますが、中国も今、不動産バブルの問題を抱えています。この不動産バブルが崩壊してしまうと、中国の国内も大変な騒ぎになります。

副島　しかし、中国はすでに、不動産価格を相当、落としています。もう、半分に落ちています。

石平　まだ平均価格は半分まで落ちていません。せいぜい、二、三割といったところでしょう。

副島　高価な物件は半分以下に下がっていますよ。私は内モンゴル自治区の都のフフホトやオルドス（中国の内モンゴル自治区西南部に位置する中級市。黄河が北に大きく屈曲した地点にあたるオルドス高原に位置する）に行きました。オルドスには、何十棟ものビル群が建っている都市がいくつもあります。ほとんど誰も住んでいません。そこで、聞いた話ですが、イルミネーションを最大限に点けている市役所がありました。胡錦濤（国家主席）もそこに行って、地元の幹部に、「こんなことをして、お前、大丈夫か。あまりバカなことをするな」と叱ったそうです。鬼城《きじょう》（鬼の住む城）というそうです。そこは不動産バブルなどというものではなくて、巨大な建築群です。半分、砂漠の中の立派な道路沿いに三〇キロ置きぐらいにあります。日本人の目から見たら、「よくこんなものをつくるなあ」と呆気《あっけ》にとられます。

それでも、私は中国の肩を持とうと思います。

中国の全GDPの一割に相当する三兆元（約三六兆円）が喪失している

石平　もう一つ、深刻なことなのですが、日本ではあまり言われていません。中国はご存知のように、土地の所有権はまだ存在せず、使用権のみ譲渡されています。この譲渡（売買）する行為を積極的に今までやってきたのが地方政府なのです。大体、財政の元になる税収のほとんどは地方政府に持っていかれています。土地を農民から取り上げて、不動産開発会社に高く売る、それで地方政府の財政は成り立っています。

この土地の譲渡権による収入はどこに入ったかというと、二〇一〇年の実績では、人民元にして三兆元（約三六兆円）のお金が地方政府に入りました。この数字は、二〇一〇年中の中国のGDP実績の大体、一割くらいです。

この中国の全GDPの一割に相当する三兆元は、ただ土地が譲渡されただけで、富みは何も生まれていません。今は不動産バブルが崩壊しつつある状況なので、このような土地の譲渡は大幅に減少しています。

そこで、中央政府は地方政府に地方債を発行する権利を与えました。中央政府は、バブルが崩壊したら、これまで地方政府の取り分だったGDPの一割に相当するお金が消えるということをよくわかっています。中国のGDP総額の一割もがやがて喪失してしまうのです。

逆から言えば、今までの中国のGDP総額の一割が、実際の富みという付加価値もない、土地を売っただけの額ということです。これが消えたとき、中国の経済ははたして維持できるのでしょうか？

副島　大丈夫です。国富《ナショナル・ウエルス》といったって元はすべてアブクですから。労働による血と汗の結晶としての富み《ウエルス》というのは、まさしくカール・マルクスの「労働価値説」に基づくものです。富みは労働だけから生まれるものではありません。

来年から再来年の経済の読み方は、一種の賭《か》けのようなものであり、私の金融予測が外れると、信用をなくし、商売にならなくなるだけのことです(笑)。私の言論もある意味でバクチですから。私は徹底的に中国の肩を持つと決めています。どうせ中国が勝つのです。

私自身が中国に取り込まれているのかどうかわかりません。が、中国のあの四〇〇〇棟に及ぶ三〇階建てのビル群を見た瞬間に、「ダメだ、日本は」と私は思いました。一五年前に、上海の発展のすごさに圧倒されました。細かく傍で見たら、ボロなビルで大丈夫かと心配になりました。一応、ドイツ人の建築家が入っていて、耐震設計になっているということでした。ただ、都心から少し離れたところに行くと、二〇階建てのオンボロビルで、それこそ排水管もひどいものです。

こんな建物にはとても住めないというようなビルが大量にあることも知っています。全部、壊して建て替えるしかないのです。しかし、もう一度、建て替えるときは三〇階建ての大きなビルにするだろう、ということもわかっています。今の中国人はそれぐらいのことはする。

ですから、中国政府にとって、これまで土地の譲渡益で、地方の共産党幹部たちがつまみ食いした、年間三兆元（三六兆円）ぐらいのお金など、どうということはないのです。

私は、デリバティブでアメリカがつくりだした四〇兆ドル（三六〇〇兆円）もの損の話をしているのです。アメリカはそういうおかしな金融商品を山ほど売りまくって決済できなくなっています。中国とはケタがちょうど二つ違います。二〇年前に日本の不動産バブルが崩壊したときも大変でした。一六年かけて、日本はようやく不良債権を処理しました。総額で一〇〇兆円です。しかし、ほんとうはその一〇倍の一〇〇〇兆円の国富《ナショナル・ウェルス》が消えました。その間に、日本の銀行が一〇行くらい潰れました。

証券化が進んでいない中国の不動産バブルは恐れるに足らない

副島　二〇一二年の春に、欧州の金融危機も一段落したように見られます。しかし私は、これからヨーロッパで、二〇くらいの大銀行が潰れるだろうと予測しています。日本ですでに一〇年前に同じことが起きたのです。ヨーロッパやアメリカに、今から大銀行の倒産という危機がやってくるのです。それは私だけでなく、日本人にはわかっていることです。

これからどのくらいの規模の大恐慌が世界中に押し寄せるか、私にも正確には測定できません。ただし、中国は不動産バブルだけでした。これは健全なバブルです。貧しい大国が急激に高度成長したときに、当然ついて起きる資産価格の急激な訂正の動きでした。

それに対して、紙切れ経済でしかないデリバティブ金融市場が中国ではまったく発達していなかった。だから打撃がないので救われたのです。これまでまだ、社債とか地方債などの債券《ボンド》化もしていません。

石平　ですから、中央政府はこれから地方債を発行しようとしています。

副島　二〇〇七年のサブプライム・ローン問題以降、欧米のカジノ金融資本が証券化した金融商品のその巨大な爆発はものすごいものでした。ケタが三つくらい違います。それに比べれば、中国の不動産がこれから、半分、三分の一、四分の一になったとしてもどういうことはない。その前の二〇年間での値上がりは五〇倍、一〇〇倍でした。二〇年の昔、一〇万元（一二〇万円）で買えたそれなりの住宅物件は、今は八〇〇万元（一億円）くらいになっていると思います。

石平　それはちょっと大き過ぎるのではないでしょうか。八〇〇万元くらいの豪邸もあります。が、北京とか上海市内の平均的なマンション価格は、大体、一〇〇万元（一二〇〇万円）ぐらいです。

副島　日本円で一二〇〇万円ぐらいですね。でもそんなものは通勤に二時間ぐらいかかる物件ではないでしょうか。

石平　いや、北京でいえば四環路《よんかんろ》（北京市にある高速道路形態の環状道路。市中心部からおおよそ八キロメートル外周を通る）の中です。

副島　いや、四環路の中だったら絶対に四〇〇万元（五〇〇〇万円）はします。

石平　いや、それは二環か三環路以内だと思います。

副島　私が現地で調べて聞いたのは、四環路で三年前に二〇〇万元（床面積一〇〇平方メートルの鉄筋アパート）だったのが、四〇〇万元に上昇し、ついに、六〇〇万元まで値上がりしたところで、二〇一一年の夏からどんどんと落ち始めたのです。

石平　中国は一応、社会主義国家ですから、アメリカのように金融大恐慌は起こさないだろうと、私も思います。ただし、確実に言えることは、成長の勢いがもう止まったということです。中国経済の成長はどう考えても止まりました。

副島　そうです。社会主義国だから統制経済をやりますから、アメリカからの金融崩れを阻止できます。独裁国家のよい点です。日本の商業ビルも一〇分の一まで下がったのです。インテリジェント・ビルとかいって地方の駅前につくられた、当時二〇億円ぐらいだったビルが、二億円ぐらいになりました。ただし、東京の世田谷とかのよい土地に建てられた住宅は三分の一ぐらいの値下がりで止まりました。そのあと値を戻して、今はピーク時（一九九〇年）の半分程度になっています。そこで住宅の価格は踏みとどまっています。

私が埼玉の大宮市に六〇〇〇万円で買った住宅が、今は三〇〇〇万円です。ちょうど半値です。このホテルの辺り（千代田区紀尾井町）の立派な土地のちょっとした一〇〇平方メートルのマンションは、富裕層が一億円以上で買っています。今は大震災のせいもあって八〇〇〇万円ぐらいだと思います。

つまり、商業ビルは一〇分の一、住宅は三分の一ぐらいに値下がりしました。

ですから、中国の不動産バブルが崩壊するといってもこの程度で止まります。ところが、ヨーロッパやアメリカの金融バブルの崩壊では三〇〇分の一になります。実に恐ろしいことです。リーマン・ショックのとき発行された金融核爆弾を、ＣＤＳ（クレジット・デフォルト・スワップ Credit default swap。リスクを回避するために開発された証券。金融商品の中でも、企業の債務不履行〈デフォルト〉で逆に儲ける、企業の倒産保険を金融商品化したもの）といい、破裂したら大変なことになります。とんでもなく恐ろしい〝人殺し保険〟の売り買いをしていたのです。ユダヤ系の金融バクチ奕《う》ちたちが考え出したものです。

中国は不動産取引でも証券化（セキュタイゼーション sequtization）が進んでいなかったからよかったのです。

人類の貧富の格差はどこまで許されるか？

副島　この他に、中国の貧富の格差の拡大は確かに大きな問題です。胡錦濤（国家主席）は、この「貧富の格差」をなくすために「和諧社会《わかいしゃかい》」を言いだしました。

石平　今、中国の場合は貧富の格差があまりにひど過ぎます。結果的に社会的な不安定をもたらしています。もう一つ、内需の拡大の足枷《あしかせ》になっています。簡単な話、金持ちたちは外国でばかり消費したがり、貧乏人が消費しようとしても、お金が手元にありません。大体、一億円のお金が一人の手元にあることと、一〇〇人の手元にあることとでは、消費の効果はまったく異なります。経済が発展するにつれ、個人の消費率は小さくなる。たとえば、一〇年前の個人の消費率は四八％でした。中国の経済の中で国民が消費する分は四八％もあったのです。
最近の中国では個人消費率は三七％くらいに落ちています。日本はどのくらいですか？

副島　ＧＤＰに占める国民の消費割合は、日本は五五～六〇％で、アメリカは七〇％もあります。

石平　中国は経済の規模が大きくなるにつれ、個人の消費率は減っています。ということは、富みはますます一部の金持ちに集中しているということです。そうした一部の金持ちが富みをどのように使うかというと、前述したようにオーストラリアやカナダやアメリカに行って、不動産を買うのです。

副島　日本の不動産もずいぶん中国のお金持ちに買われたようです。ところが二〇一一年三月一一日の大震災と原発事故で、中国の人たちは急に日本の土地を買うのを控えだしました。

石平　そうです。震災がなかったら中国はもっと日本の不動産を買っていたでしょう。

副島　でも、すでに買ってしまった人たちがたくさんいるようです。

石平　中国人の富裕層がどうして外国の不動産を買うかというと、彼らは本心では、中国の体制を信じていないからだと、私は思っています。共産党政権はいつか自分の財産を没収するのではないか、という恐れが、どこか心の中にあるからです。そういう人々の父親の世代は、実際に共産党から財産を没収されたのです。

副島　ほんとですね。富裕層からの財産没収が日本でもこれから起きそうなのです。文化大革命の頃の「下放《かほう》」（一九六六〜七六年まで、毛沢東の指導により行なわれた思想政策。都市の青年層が地方の農村で働き、肉体労働を通じて思想改造をしながら社会主義国家建設に協力することをその目的とした）という残酷な政策もありました。

石平　富裕層は財産を海外に移せば、安心と考えています。なぜなら、案外、資本主義の法治国家を信じているからです。このように、中国の富みは外国に行ったままになりますから、国内を沸騰させるような消費の拡大ができないままなのです。

副島　石平さんはどのくらいの貧富の差なら肯定できるのですか？

石平　私にはわかりません。

副島　そこを議論しなければいけないと思いますよ。日本は逆に平等すぎる社会です。日本はすでに、官僚制社会主義国家だと思います。

石平　ハハハハ。それはほんとうです。中国は社会主義国家ではなく、日本こそ社会主義国家です。

副島　日本の普通の会社は、女子社員でも二〇万円くらい給料を貰っているのに、役員でも七〇万円くらいしか貰っていません。ほんとうは役員は女子社員の一〇倍は貰うべきなのです。それでないと、部下の社員に食事もおごれません（笑）。昔の日本は一〇〇倍くらい違っていたと思います。

石平　それはちょっと行き過ぎでしょう。

副島　いや、一〇〇倍でもおかしくありません。明治、大正時代には、裁判官や官僚たちが月給二〇〇円くらい取っていて、庶民は月給で二円とか四円くらいだったと思います。確かに貧富の差はありましたが、それでも正しい秩序がありました。平等の行き過ぎはいけない。だから私は鄧小平が好きなのです。秩序というものはどうあるべきかという、幼い議論をすることを私はやめました。事実と現実からしか物ごとは語れないということを齢《とし》を重ねてわかりました。

つまり、貧富の差は一〇〇倍くらいあって、当たり前ということです。

中国の官僚の腐敗度は日本の腐敗度の一〇倍以上ある

副島　昨年（二〇一一年）、アメリカのウォール街の公園で、「ウォール街を占拠せよ（Occupy《オキュパイ》 Wall《ウォール》 Street《ストリート》）」（二〇一一年九月一七日から、ニューヨークで発生したアメリカ金融業界に対しての一連の抗議運動）というデモが起きました。"We《ウィ》 are《アー》 the《ザ》 99《ナイン》%《パーセント》."というスローガンを掲げました。「一％の富める者が全部を支配している、われわれは残りの九九％だ」という怒りです。アメリカも相当に貧富の差が激しい国です。

石平　富める一％の人々が、アメリカ社会全体の大半の富みを握っているということですね。

副島　当然、それは是正されるべきです。ただそれを強制的に政治的に是正すると、とんでもないトラブルが起きます。徐々に健全な中産階級《ミドルクラス》を育てていくしかないのです。中国にこの二〇年間で中産階級の人たちが出てきました。それを後押しする政策を取るべきで、平等を必要以上に主張してはいけないと、私は思います。

石平　ある意味では、胡錦濤政権が提唱した「和諧社会」や「協調社会」がそういう考え方でした。しかし、彼はこれを実践できませんでした。この一〇年間、中国では貧富の差は拡大する一方でした。有効な政策を打ち出せていません。

ここが、中国のいちばんの泣きどころです。それは、まだまだ中産階級を育てていないということです。しかも今は、中産階級の危うさが指摘されています。中産階級のかなりの人たちが、不動産投資からの利益に頼ろうとしている。最近ではマンションの二、三軒を持つのが中産階級といわれています。これがいちばん危ないパターンです。

副島　やがて彼らは、投資用の住宅ローンを払えなくなりますからね。アメリカの中産階級（金持ちサラリーマン）の人たちは四、五軒、不動産を持っています。投資用アパート、コンドミニアムなどです。

北京や上海市の共産党の中堅幹部なら、いろいろな情報や裏の手数料がいっぱい入って、三、四戸持っていますね。田舎に行けば、五〇〜一〇〇戸も持っています。

三〇年の昔一〇万元だったものが一〇〇万元になり、さらに五〇〇万元になりました。日本円で一億円ぐらい持っている共産党の中堅幹部は山ほどいると思います。五〇〇万人くらいはいるでしょう。七〇〇〇万人いる共産党員のうち五〇〇万人は確実に腐敗分子でしょう。それとお仲間の民間企業経営者たちがいます。そういう金持ちたちが東京に来て、一〇〇万円や二〇〇万円の高級バッグをたくさん買っています。それを共産党の奥様たちに上げるのです。

しかし、日本もかつてはこれをやっていました。日本の田舎の医者とか土建屋さんなどは、皆、官僚の奥様に一〇〇万円や二〇〇万円の高級バッグを差し上げていたのです。農協の幹部たちもひどかった。表に出ないだけで、日本も腐敗だらけでした。今は、官僚は公然と天下りというのをやります。二万七〇〇〇もの独立行政法人や特殊法人とかの天下り団体があります。ここに年間、一二・五兆円の国家資金が投入されています。こうした巨大な数の天下り団体をなくそうと、小沢一郎たちは闘っているのです。これを言うと、どれくらい日本官僚たちに抵抗、反抗されるか。

ですからどこの国も汚いのです。日本の官僚も、中国の官僚の汚さと同じです。それなのに、石平さんには日本の裏側のほんとうの汚さを、誰も教えようとしないでしょう。

石平　私も別に天真爛漫《らんまん》な女学生でもありませんから、日本には汚職があることは知っています。しかし、どう見ても、日本の腐敗度が中国より大きいとは考えられません。中国の腐敗度は日本のそれより一〇倍以上はあると思います。

副島　どんな時代でも、どこの国でも権力者や官僚の腐敗はあったのではないですか？

石平　確実に言えることは、日本中のすべての公務員の一〇分の一が汚職をしていたとしたら、中国の公務員は九割が汚職をしているということです（笑）。

人類が発明したものの中で、宗教だけが汚さを超克する

副島　日本人の歴史学者が書いた中央公論社刊の定評ある中国史の本を読んでいたら、中国の民衆でさえ、唐や明の頃でも自分の収入の三倍くらいの暮らしをしていたそうです。

石平　いや、三倍どころではありません。

副島　普通の都市庶民で月給が今でいうと三〇〇〇元（四万円）しかないのに一万元（一二万円）ぐらいの暮らしをしていたのではないですか。ですから、中国ではそれは当たり前なのでしょう。一〇〇〇年前も、中国ではそれをやっていたのですね。

石平　清の乾隆帝《けんりゅうてい》（一七一一～一七九九。清の第六代皇帝。二五歳で即位して以後、六〇年間在位し、清の全盛期を築いた）の時代には、国家予算の八倍を賄賂《わいろ》で私有していた奸臣《かんしん》がいました。

副島　ハハハハ。私が奇麗事を言わない、夢みたいなことは言わない理由は、現実を冷酷に見たとき、そういう「汚れていて当たり前」という考え方を一方で持っていないと、自分自身が偽善になってしまうからです。

石平　問題は、もし汚れて当たり前という考え方が浸透すると、ますます汚くなっていくことです。完全に清潔な社会はどこにもありません。私は別に、理想主義者ではありません。しかし、この社会には汚い部分はあるけれど、やはり奇麗なものを求めていくという気持ちがなければいけないと思います。

やはり汚いという現実を認めながらも、それを超克するようなものを求めなければいけない。人類が発明してきたものの中では、宗教が汚さを超克する一つだと思います。文学や詩、音楽などもそうです。

副島　それは知識人の課題です。知識人が記録で残す抽象と観念です。私が自分を知識人であると認めながら、石平さんと話ができるのはそこなのです。

私は、実は知識人というのは特別な人間たちだと思っています。ほんとうに現実をわかっている、かつ能力のある人で、私の本を買って読んでくれる読書人以外を私は無視しています。それは私にとっては無縁の世界です。そのように言い切らずに、ただ民衆のためにというのは奇麗事です。

無前提に世の中が美しいか汚いかどうかはわかりません。が、事実であることだけは徹底的に記録し、解明していきたいと思います。

石平　なるほど。私も副島さんのそういう姿勢に感服します。

副島　そのように自己限定しないと知識人は生きていけません。

第5章

中国の最終的生き残り戦略は「軟実力《ソフトパワー》」か？

中国はパクリを脱してオリジナルな文化力を創出できるか？

中国はあと三年で文化力をつけ、世界に影響力を与える

副島　私は、あと三年で中国がアメリカを凌《しの》いでいくと見ています。ケンカや戦争をする必要はありません。徐々に経済力、金融力、文化力をつけ、世界に対して影響力を行使していく、平和な帝国を中国は目指してほしいと思っています。そのときに、ブラジルとインドの存在も大きくなります。インドネシアとトルコもそれに続きます。これらの新興大国は貧乏な国民がまだたくさんおり、安い労働力があり、けっして浮《うわ》ついた存在ではないのです。

私は中国へ行って、まだ中国では、三元（四〇円）、五元（六〇円）で外食のご飯が食べられる状況を見てほっとしました。これなら暴動は起きないなと思いました。なおかつ中国には夢があるということです。自分も金持ちになれるのだという夢がないと、世の中は明るくなりません。その意味で中国は少しぐらい成長率が落ちても、まだまだ伸びていくと思っています。

石平　今、副島さんがおっしゃった、「中国は金融・経済のほかに、文化的にアメリカを凌いでいく」というのは、どういうことでしょうか？

副島　かつてアメリカ帝国がイギリス帝国を凌いでいった時期に、イギリスやヨーロッパ

の人たちから、「わが国の貧乏人と田舎者が流れ出して行ったあんなアメリカごとき国」とバカにされ続けたのです。一八七〇年代から一九〇〇年頃のことです。ワグナーの音楽を愛したドイツ人たちははっきりとそう思っていたはずです。あんな低い文化のレベルしかないやつらに、自分たちドイツ民族が負けるはずがないと思っていたのです。

ところが、文化と教養は富みのあとから急激に追い着いてくるのです。政治と経済の力が大きくなると、文化力もついて、もっとも優れた人間たちがそこに集まって来ます。今は、「まだまだ中国は遅れている」と、中国人自身が謙虚に言っています。しかし謙虚な人間は勝つのです。威張りくさった人間は絶対に転落していきます。

石平　別の視点から見れば、いちばん威張っているのは中国人に見えますが……。

副島　ワッハッハッハ。それはようやく中国人が威張れるようになったからです。

石平　私から見ればあれは成金の威張り方です。

副島　中国はアヘン戦争で負ける前までの一〇〇〇年間、ずっと世界でもっとも豊かな国だったのです。それでは、石平さんは中国はどうなると思っているのですか？

中国知識人は自国の「軟実力《ソフトパワー》」に自信を持てない

石平　中華思想はもう破綻しています。中国では、今は「中華思想」という言葉を掲げれば掲げるほど嫌われます。代わりに最近、中国の国内でよく使われる言葉があります。「軟実力《なんじつりょく》」――これが中国人がよく使う言葉です。軍事力とか経済力よりも、軟実力、まさにソフトの力のほうが優るということ、要するに理想、理念、文化の力のほうが大事ということです。

　しかし、中国の「軟実力」で、世界をリードできるかといえば、今の中国知識人の誰もが自信を持っていません。

副島　「軟実力」の〈軟〉というのは「柔らかな」ということを表すのですか？　「ソフトな実力」とは何ですか？

石平　今、中国の中枢は、「軟実力」、つまりかつての文化的な要素やイデオロギーであった共産主義を持ち出すと笑われるし、孔子様を持ち出しても、古過ぎると言われてしまいます。そこで、胡錦濤たちも口を開ければ、「民主主義」とか「民意」とか唱えているのです。彼らの潜在意識の中では、実はもうアメリカの唱えるイデオロギー（軟実力）を受け入れざるを得ないという心境なのです。

　それでは、中国がアメリカと対抗できるイデオロギーや文化を持てるか、世界中がこれは素晴らしいと称《たた》えるほどのブランドを持てるかというと、パクリばかりです。

副島　しかし、世界を讃嘆させるほどのブランド力は、今やヨーロッパにもアメリカにも

中国では今、「軟実力《なんじつりょく》」（ソフトの力）という言葉が流行している

実態はパクリとコピー商品が氾濫している
（上海市内の百貨店で販売されている
「クレヨンしんちゃん」の絵柄をコピーした靴）

日本にもありません。

石平　もちろん、中国にもないです。

副島　だからこそこれから中国で、新しいものができていくとは思いませんか？

石平　しかし、何ができるかが明確に見えていません。

副島　あまり言いたくはないのですが、私にぼんやり見えてきたのは、「アキハバラ」なのです（笑）。アキハバラの「オタク」です。ゲームとアニメです。中国は日本のゲームとアニメを国家戦略の中に取り込んでいます。あんなにくだらないコンピューター・ゲームなのに……。

石平　それはどういう感じで、ですか？

副島　北京などに行くと、アキハバラのような店がたくさんあります。

石平　そこでは逆に、日本の影響を受けているのでしょう。

副島　そうです。日本からたくさん持ち込んでいます。それらのゲームやアニメは大体、日本の国内でいちばん嫌われてバカにされてきたものです。日本の教育制度の中では弾圧され、いちばんバカにされていたものが、中国共産党の一部にはその素晴らしさがわかるらしくて、ここから新しい人間像をつくると言い出し、大事にしているということです。ゲーム、アニメ、オタクは中国の文化戦略の中に確実に取り込まれています。これは恐ろしい新思想です。

日本国内ではアニメやゲームをつくっているソフト会社や出版社などが盛況です。しかし、社会からは軽蔑され嫌われています。私も嫌いです。しかし私の弟子たちでそれにハマっている者がたくさんいる。そういうものを取り込んでいく新しい人間像が、これからの中国で生まれると思います。

石平　私には見えてきません。中国にはそのような要素は見当たりません。むしろ、今、中国人は文化の要素を嫌っている兆候が見られます。傲慢《ごうまん》でルールを守らない、模倣する、パクるなどの現象です。

副島　しかし、それであるが故に、中国は世界でいちばん底にまで落ちてしまったのです。これから、底から這《は》い上がっていくでしょう。

石平　いいえ、それが中国にとっての理論的な典型です。中国人には新しい時代を築く要素など何も見えてはいません。

とにかく、中国共産党資本主義はやり過ぎた

副島　私がびっくりしたのは、飛行機の中で見た不動産販売の宣伝パンフレットです。成都市と重慶市で一〇〇億円くらいの住宅を売っていたことです。中国元では一〇億元もし

ます。それこそ小型のバッキンガム宮殿のようで、湖もついています。部屋数も三〇ぐらいあるでしょう。いったい、どういう人がそれを買うのかと、私は思います。それでもそのうち、半値の五〇億円くらいに値下がりすれば、買う人が出てくるのでしょう。

五〇～二〇〇年前には、中国にはこのような豪邸を持っていた人たちがいたはずなのです。ですから、今、そのような状況に中国は戻りつつあるのだと思いました。

石平　文化の面では、私は今の中国に言いたいことがたくさんあります。教育に関しても、中国のエリートに子どもがいるとすれば、その子に「もう中国の大学に入るのはやめて、アメリカのハーバード大学か、イギリスのケンブリッジ大学に進学しなさい」と言いたいくらいです。そして、イギリス流の紳士になってほしいと思います。

はっきり言って、中国のエリートたちこそ、自分の国の将来や文化に対していちばん自信が持てないという状況なのです。

副島　なにしろ、中国の都市はまだまだ空気が悪いですからね。

私も確かに中国の今の生活環境はよくないと思います。しかし、最近の中国製の自動車の質がものすごくよくなっており、「排ガス規制」が利いてきて、空気も奇麗になりつつあります。上海に行くと、私は胸が苦しくなり、死にそうな思いをしましたが（笑）、内モンゴル自治区ではなんともありませんでした。山西省と内モンゴルは石炭の産地ですから、煙がモクモクしているかと思って行きましたが、石炭の広大な露天掘りをしているだけで、空気の公害はなかったです。

石平　先ほどの一〇〇億円の豪邸の話に戻りますが、そんな家が売り出されるのも、中国では富みの集中が激しいからです。一〇〇億円というその富みが、もし、中国国民の一万人に分配されれば、社会はまったく変わっています。

このまま行くと、中国ではもう一回、革命が起こる可能性があると思います。とにかく、中国共産党資本主義はやり過ぎたのです。

副島　今、中国でもう一度、革命が必要とおっしゃいました。そこで思い出したのですが、孫文たちの「中国同盟会」（清末、一九〇五年八月に、孫文らにより東京で結成された政治結社。孫文を中心に清朝打倒を目指す革命運動の指導的役割を担った団体）はこのホテルのすぐそばで出来たのです。

石平　えっ、そうなのですか。

副島　そうです。孫文たちはこの紀尾井町や帝国ホテルや神田神保町の中華料理店で、革命の計画を立てました。

日清戦争のあと、孫文は日本に亡命して来ました。そして、宮崎滔天《とうてん》の紹介で政治団体である玄洋社の頭山満《とうやまみつる》らと出会い、東京での活動費と生活費の援助を受けました。また、住居とした早稲田鶴巻町の広大な屋敷は犬養毅《いぬかいつよし》が斡旋《あっせん》しました。そして、孫文たちは宮崎滔天らの援助を得て、池袋で「中国同盟会」を結成し、そこに留学中の蔣介石《しょうかいせき》も来たのです。

ですから私も、今の中国で、孫文の革命と同じ動きがあってもおかしくはないと思います。だからと言って、現実に革命を起こすことはなかなか難しい。私だって中国共産党の肩など持つ必要は何もないのです。ただ、現実の中でしか人間は生きていけないから、うーん……。

石平　私はこのままいくと、中国に革命が起こっても致し方ないと思っています。が、中国の将来は「神のみぞ知る」です。

日本はTPPで生きるべきか、ASEANで生きるべきか

副島　文化力とソフト力の問題から、外交や貿易の話に移りましょう。

今、日本では頻《しき》りにTPP《ティーピーピー》（Trans-Pacific Strategic Economic partnership　環太平洋戦略的経済連携協定。環太平洋地域の国々の経済の自由化を目的とした多角的な経済連携協定〈EPA〉。二〇〇六年にAPEC《エイペック》参加国であるニュージーランド、シンガポール、チリ、ブルネイの四ヵ国が発効させた、貿易自由化を目指す経済的枠組み。二〇一〇年一一月の時点で、米国、オ

ーストラリア、ペルー、ベトナム、マレーシアの五ヵ国がＴＰＰへの参加を表明し、次いでコロンビアやカナダも参加の意向を表明している）への参加の問題が議論されています。

ＴＰＰに関する私の考えはこうです。ＴＰＰというのはアメリカが無理矢理、日本にも押し付けようとするものです。「トランス・パシフィックのパートナーシップ」という名称自体が東アジア諸国をバカにしています。

アメリカ主導のＡＰＥＣ《エイペック》（アジア太平洋経済協力）に対抗して、マレーシア、インドネシアを中心にするＡＳＥＡＮ《アセアン》（東南アジア諸国連合）という立派な組織が、先にありました。そこに「プラス３《スリー》」で日本と韓国と中国を入れてもらったのです。

私は、東アジア諸国は「ＡＳＥＡＮ《アセアン》＋《プラス》３《スリー》」だけでよいと思っています。この東アジアの自主的なブロック経済体制に対して、アメリカがわざとらしい環太平洋という名前で、いかにも自分が親分だという感じで出しゃばってきたのがＡＰＥＣとＴＰＰです。アメリカの言いなりになる経済制度をつくれという圧力なのです。

ＴＰＰの中身のことなど私たちは何も知らないままに、日本国中《じゅう》がワーワー揉《も》めていました。ただし、農協の団体が逸《いち》早く反対を打ち出しました。それで、自民党が動けなくなりました。農協は自民党の大きな支持母体です。医療関係ではフィリピンやマレーシアから、低賃金の看護師を輸入したいのですが、職を奪われる日本国内の医療関係者が反対する。いずれにしてもＴＰＰは日本の国益につながる協定ではありません。

しかし、私はＴＰＰの押し付けをそれほど恐れてはいません。アメリカがいくら圧力をかけてきても、日本はもう山ほどアメリカにふんだくられました。あともう少しふんだくられるでしょう。が、そろそろもういい加減にしてくれという状況に入っている、と見ているのです。もう日本人はこれ以上、アメリカに騙されないという段階にきています。

ところがこんな状況でも、まだ一ドルが再び、一二〇～一四〇円になってほしい対米追従者が多いのです。日本の保守言論人たちはまだアメリカの力の復活を信じています。

中国は日本がＴＰＰに参加することを恐れているようですね。

石平　日本がＴＰＰに参加することを恐れているのではなくて、中国からすれば、ＴＰＰそのものが、アメリカが仕掛ける中国に対する経済的包囲網であって、日本がＴＰＰに参加することでまさに、この経済的包囲網が完成するのだと考えています。中国が目の仇《かたき》にしているのは、日本がＴＰＰに参加することではなくて、ＴＰＰそのものです。もちろん、日本がＴＰＰに参加することは中国にとっては面白くない、それは事実です。

副島　石平さんご自身は、日本はＴＰＰに参加したほうがよいとお考えですか。

石平　私は基本的に、日本はＴＰＰ交渉に参加する以外に道がないと思います。国際戦略的な視点からも、アメリカ主導のこの枠組み以外に、日本が生きることはあり得ないと思います。

外交や貿易の問題からは外れますが、私は、基本的に日本は憲法を改正して、自立しながらも、中国と対抗するために「日米同盟」を堅持したほうがよいという考え方を持っています。

やはり『日本国憲法』の「第九条」の条文は変えるべき

副島　石平さんは「日本は憲法改正をするべきだ」とおっしゃいましたが、いったいどういう改正があるというのですか？

石平　まず『日本国憲法』の前文です。『日本国憲法』の前文で謳《うた》っている「平和を愛する諸国民の公正と信義に信頼して、われらの安全と生存を保持しようと決意した」というところです。この「諸国民の公正と信義に信頼して」という文章を変えるべきです。「外国の信義を信頼して」、日本の存続を託すというのはやはりおかしいと思います。副島さんが前におっしゃったとおり、他国に善意などあるわけがありません。この前文はやはり、日本の国の伝統文化を守ることを明確に掲げたほうがよいと思います。

副島　あの『日本国憲法』の前文はマッカーサー本人が書いたらしいのです。日本から戦争をする権利を奪い取ったのです。そんな「戦争そのものの放棄」などあり得ないという議論をするけれど、それでは、いったいどういう憲法を新たにつくるというのですか。日本は戦争をする権利があるとでも書けばよいのですか。

石平　それは当たり前のことです。国家というものは、当然、自国民を守るために防衛の権利があります。

「第二章・戦争の放棄」の「第九条」の条文は、「日本国民は、正義と秩序を基調とする国際平和を誠実に希求し、国権の発動たる戦争と、武力による威嚇又は武力の行使は、国際紛争を解決する手段としては、永久にこれを放棄する」とあります。このややこしい表現の条文は、「日本は自国の安全と世界の平和を守るために、国防軍を持つ」というように変えるとよいと思います。

副島　それなら、条文の中に「自国を防衛する」と書くだけでよいでしょう。「戦争をできる」という表現までする必要はない。

私の国防についての考えは以下のとおりです。

日本は領土、領空、領海から一歩も出ない。しかし、領土、領海に外国の軍隊が侵略の目的で入って来たら、それが中国でも、ロシアでもアメリカであっても戦争をする。自衛のための戦争は、女子どもも含めて国民全員でやる。

いくらハイテク戦争の時代だといっても、最後は国内での戦争です。自衛隊員（国防軍）

を日本国民は夜、家に泊めてあげるでしょう。人間が現実にできることはそういうことです。だから外国にまで軍隊を出してする戦争は絶対にやってはいけません。

日本国の領土から外国の駐留軍隊である米軍は出て行くべきです。自分たちの国は自分たちで守ると書くべきです。日本の保守言論人たちは、今の米軍がいる事実に対して、一言も言おうとしません。おかしいでしょう。外国の軍隊が六〇年以上も日本にいていいのでしょうか！　どうなのですか。保守言論人たち自身がこのことを言わなければいけないと思いませんか。

彼らは腰抜けなんです。どこが愛国者ですか‼

石平　……。私もアメリカからの圧力に日本が抵抗するという意味でも、日本の防衛体制、核問題の見直しをしてもよいのではと考えています。保守右翼といってもいろいろな考え方があります。国際政治と米国金融のアナリストである伊藤貫さん（『中国の「核」が世界を制す』ＰＨＰ研究所刊）などは、ワシントンに二〇年以上いて、やはりアメリカはダメになると見ています。そのあとに出てくるのは絶対に中国の覇権であるとも言っています。そのためには、日本も軍事大国になる必要がある、日本は核を持つべきだという論議です。

日下公人《くさかきみんど》さん（保守派の論客として知られる。アメリカや中国に否定的であり、日本の国益を潰そうとする国の第一に挙げている）なども同意見です。

副島　核保有に対しての私の意見はまったく異なります。はっきり言います。日本は核など持つべきではない。大体、アメリカが核を日本に絶対に持たせない方針だということをご存知ですか。アメリカと日本がケンカしてでも、日本は核を所有できると思いますか？

石平　日本は「核を所有する」という胆《はら》を持つという覚悟は大事だと思います。

副島　日本の保守派はいつもそう言いますけれど、具体的に核を持つプロセスにはならない。

石平　保守右翼の核に対する考え方はいろいろです。たとえば、長谷川慶太郎さん（経済評論家。国際政治、国際経済、軍事関係の評論も多い。『さよならアジア』〈NESCO　BOOKS刊〉では、韓国を除くアジア諸国との訣別を唱えた）などは、アジアの均衡が崩れてしまうから、日本の核の保有などはあり得ないという意見です。渡部昇一さん（上智大名誉教授）も、核を持つか持たないかは、まだ選択の余地ではないという意見です。

副島　私の考えは、核など持つと、刀を振り回すのと同じで、必ず自分の手足を切ってしまう。そういう危ないことはしないのが賢い生き方だ、と考えます。核武装はケンカなどできもしない弱虫が強がりで言うだけの空論です。

たとえば、イスラエルは二五〇発の核弾頭を隠し持っています。これは国際社会では公然の秘密です。それに対抗してイランが持とうとしています。イスラエルが持ってよくて、どうしてイランはいけないのでしょう。この問題を日本で公然と言う言論人は一人もいません。

国際社会とIAEA《アイエーイーエー》（国際原子力機関）は、イランの核開発に対しては絶対に許さないと言いながら、イスラエルのことは一行も非難しません！　石平さんはこの現状をどう思いますか？

石平　日本の保守言論人という言い方ではなく、日本の国益を考えたときに、中国が外洋に出て行って日本に圧力をかけてくるなら、それ相応にいつでも戦えるという状況に、日本を持っていかなければいけないのではないでしょうか。

日本は民主政治体制を持つ二重構造の「立憲君主国」

副島　憲法改正の話に戻ります。かつて「読売新聞」が憲法改正試案を書きました。その文章はとても読むに堪えないひどいものでした。「読売新聞」自身が恥ずかしがって隠したので、やがて誰も話題にしなくなりました。憲法の条文を書くなどというのは大変なことです。

今の「憲法九条」の改正については私は反対するだけです。勇ましいことを書いて重武装を主張して、こんな国が核兵器など持ったら危ないだけです。保守言論人の言うような、憲法第九条の改正をしようとしても、現実には「国防軍を持って侵略に対して自衛する」という以上の一行も改正の文言として書けません。

石平　繰り返しになりますが、基本的に、私の憲法改正観は、あの「第九条」をなんとかしないといけないということに尽きます。

副島　つまり、日本国憲法を書き変えて、「自分の国を自分で守る軍隊を持つ」というだけのことですよね。それだけでよいのでしょう。

石平　もう一つ、第一章「天皇」の条文に関しては、日本国家に対する皇室の立場をより明確にしたほうがよいと思います。

副島　第一章「天皇」のところでは、第一条から第八条まで、天皇を「象徴」とし、延々と天皇の仕事を定めています。冷静に考えたら、日本は「天皇という王様を持つ王国」なのです。コンスティチューショナル・モナキー（Constitutional Monarchy、立憲君主制）といい、「憲法で制限された王様のいる国」という意味になります。だから、日本は共和制《リパブリック》ではないので、大統領はつくれないのです。

石平　自民党や「読売新聞」の憲法改正試案では、天皇を「元首」にせよと言っていますね。

副島　天皇は今でも日本の元首《ソブリン》です。外国から見たときと、日本国内での議論は別になります。外国から見たら、天皇はサウジアラビアの王様と同じ存在です。国内では嘘をついて、「立憲君主政体」ということの意味を日本国民に教えないのです。日本は、ほんとうは「立憲君主国」です。外側は君主国《モナーキイ》なのですが、その内側がデモクラシーになっているという二重構造の国です。したがって、日本国民に嘘をついているということです。嘘をつかずに、ほんとうのことを言わないといけません。外側から見たら、日本は王国でしょう。

石平　要するに、イギリスと同じような国家形態ですね。

副島　イギリスではこのことをウィンザーナイゼーション（Windsornization）と言います。イギリスの王家はウィンザー家です。実際の政治を動かさない王国です。イギリスは王国であり、キングダム（kingdom）と言っています。日本はイギリスと同様の「ウィンザー家のような実際の政治を行なわない王家」という意味で、天皇を形だけのものにしている。

つまり、日本は内側に対して嘘つき国家なのです。ここがアメリカの性質《たち》の悪さです。王国なら王国と言うべきなのです。右翼の人たちでさえが日本は王国だと言うかというと、言わない。彼らは、「日本は民主国家だ」と思っている。アメリカの洗脳がしっかり効いています。

石平　イギリスは王国でありながら、民主政治の国家です。

副島　石平さん。もっと大事なことは、日本では「王」のことを「皇」と言いたがります。この「皇」という文字は、日本の古い文献のどこにも出てきません。日本では元来、天皇の存在は「王」でした。「オオキミ」とか「スメラギ」とか「スメラミコト」と呼ばれてきました。

渡部昇一さんは、「韓国人が天皇を〈日王〉などと書いたのは許せない」と言いました。日本の天皇は日王に決まっているではないですか！

皇帝はいつの時代も中国にいます。「天皇」という言葉が中国でいつ現れたかというと、則天武后《そくてんぶこう》（六二三？～七〇五。唐の高宗の皇后。中国史上唯一の女帝となった）の時代です。則天武后が皇帝と名乗らず、自らを天皇と名乗ったのです。この天皇という言葉を奈良時代の日本が貰ってきたのです。

韓国でも日本でも、自分が皇帝だという振りをしなければ気がすまなかったのです。劣等感の裏返しだ。国王という呼称で充分なはずです。

石平　韓国は李氏朝鮮の時代、国王と名乗ることで満足していましたね。

副島　そのとおりです。朝鮮王朝の高宗は国王という称号で満足していたのに、日清戦争（一八九四～九五年）での中国の敗北で韓国が清の藩属国でなくなったときに、伊藤博文が国号を「大韓帝国」と改めさせ、高宗を皇帝に即位させたのです。いったい、日本や韓国のどこが帝国なのですか。

たまたま日清戦争に勝利した日本は、サハリンとか満州や台湾などを取り、周辺に植民地を抱えたので、帝国と名乗っても恰好がつきました。同時に日本は、歴史が古いということを誇りにしてきました。しかし、歴史が古いといっても、「日本」という国号が文献に現れたのは六七六年ですから、一三〇〇年ぐらいのものです。

日本の天皇は藤原氏や足利氏と混ざってあちこちで血統が断絶しています。それを皆、知っているのに認めようとしません。

ですから万世一系などと言わないほうがよいと思います。八百万《やおよろず》の神などと言いますが、八〇〇万人も神様がいてどうするのかと言いたい（笑）。

天皇という言葉は「天の煌《テンファン》」で、「天の輝き」を意味し、北極星のことを指します。北辰ともいいます。北の空にあって動かず、他の星たちが周りを回る。中国の北京市に天壇公園（歴代皇帝が星占いをする場所。自分を天子として天帝を祭るためのもっとも重要な場所）があります。天壇公園では、皇帝が星占いや吉兆の占いを行ない、どこから敵が攻めて来るかとか、農作物の出来がよいかなどを占う。だから中国の皇帝は、星占いと呪《まじな》いしかしません。宗教はありません。この天壇公園の意味を日本人はわかろうともしない。

朱子学がもたらした日本人の天皇観の歪《ゆが》み

石平　ある意味では、中国も中国的な宗教性を持っています。皇帝の位置づけは、「天子」ということです。つまり皇帝は「天命」を受けているということです。

副島　中国の皇帝が「天命」を受けているということと、北極星を中心にして世界が回っているという考え方は相互に関連します。だから「中華」なのでしょう。それに対して、皇帝コンプレックスに陥っている日本は、どのように国学や神道をつくったかということが重要です。日本ではミカドを「天子様」とは呼ばず、「日嗣《ひつぎ》」と言いました。つまり「太陽の子ども」のことです。

石平　なるほど。逆にそれが中国の天子に対する一種の対抗意識だったのですね。

副島　そのとおりです。それで、後に山崎闇斎《やまざきあんさい》（一六一九～一六八二）。江戸前期の儒者・朱子学者・神道家・思想家）などの水戸学が登場しました。彼らは日本の天皇を「太陽の長男坊だ」と言ったのです。日本人はポリネシア人の系統を引いていますから、ちょうどよい呼び方だと思います。

私の師である小室直樹先生も、「天皇＝日嗣」派の考え方をしています。天皇は運命として、「太陽の子ども」であり、中国の皇帝のように、天命が下った天子とはまったく異なると、国学者たちは解釈しました。中国では、新しい皇帝に天命が下って替わることを「易姓革命《えきせいかくめい》」ともいいますね。
石平　要するに、中国では誰かが永遠に天命を受けているわけではありません。
副島　そのとおりです。「易姓」（姓が易《かわ》る）ですから当然、名前も変わってしまいます。
石平　日本の天皇は、天に見放されることはないわけですね。「太陽の息子」ですから、永遠に地位を替わることもありません。
副島　そうです。だから日本では、天皇がいるから、毎年、首相がコロコロ変わってもかまわないのです。政治改革や政権交代というものも嫌がられます。中国のほうが世界性を持っており、「易姓革命」（朱子学）ですから支配者の名前が、漢の劉邦《りゅうほう》（高祖）や、唐の李淵《りえん》（高祖）や、明の朱元璋《しゅげんしょう》（太祖）などというように、王朝（帝国）ごとに替わります。この易姓ということの意味を日本の知識人階級はわかっていません。
　実は、易姓革命をいちばん大事にしたのが、徳川氏なのです。「徳川という名前の政権に代わったのだから、お前たち他の大名は、これからは徳川家に屈服せよ」と。そのために徳川家は朱子学（南宋の朱熹《しゅき》によって再構築された儒教の学問体系）を日本国中で、一生懸命に学ばせたのです。
　この秘密は私が三〇年間かけてわかったことです。この大事な日本国の骨格に関する事実を独力で探り当てました。日本の保守言論人たちは、こうした真実を毛嫌いし、触れることを避けます。しかし、中国の本物の知識人である石平さんならおわかりのことと思います。

こうした日本人の天皇の秘密を、中国に教えてあげてください。

石平　私はむしろ、易姓革命から超越した日本の天皇の独自性を、中国人に教えたいと思います。

第6章

日中関係悪化の陰にはアメリカの関与がある？

尖閣諸島の帰属、南京虐殺事件、中国漁船衝突事件問題等の解決法

東電と三菱重工と自衛隊が推進した秘密の核兵器保有戦略

副島　前章で日本の核保有の問題を話しました。石平さんは、日本で秘密に核兵器を保有する動きがあることを知っていますか。それを推進したのは東京電力会長・木川田一隆《きかわだかずたか》のあとを継いだ平岩外四《ひらいわがいし》（東京電力会長、第七代経団連会長）です。東電の会長が日本の核武装を三菱重工と自衛隊の一部と一緒に密かに推し進めた。

ポラリス型潜水艦（冷戦期にアメリカが開発した潜水艦発射弾道《サブマリーン・ローンチド・バリスティック》ミサイル〈SLBM〉の原子力潜水艦を、日本が独自に二隻持つという計画になりました。そして岩手県の三陸海岸のとある場所に横穴を開けて、地下水路を通して秘密基地にザブンと上がる方式を考えました。高知県にも同じものを備えようとしました。精製したプルトニウム燃料に起爆剤をつけて、ロケットの先端に置く。この大陸弾道弾ミサイルのことを宇宙ロケットともいいます。ところがこの計画は、アメリカに全部、筒抜けでした。

三・一一の福島原発事故もこの大きな流れの中で見るべきなのです。正力松太郎《しょうりきまつたろう》（日本の警察官僚、実業家、政治家。元読売新聞社社主。従二位、勲一等を受章。プロ野球の父、テレビ放送の父、原子力発電の父とも呼ばれる）以来の、CIAと組んだ者たちが音頭を取って〝原子力村〟をつくって日本の原発開発をした。その最大の動機は、やはり核兵器のプルトニウムを確保することでした。

私は岡崎久彦氏という外交官あがりの人物の言論に、疑問を抱いています。彼は、「日本は国家情報機関をつくるべきだ」と言っていました。私は、アメリカのCIAが最初から中に入っているような日本の国家情報機関でよいのか、と異議を唱えます。アメリカの情報機関の家来をまだやる気でしょうか？　私は、アメリカともっと本気で交渉せよと言いたい。彼らは絶対にアメリカの悪口だけは言いません。

石平　日本はいつか独立の方向に行かなくてはいけないと思います。いつまでも米中の板挟みになっている日本の姿は惨《みじ》めです。

日本は二〇〇九年に政権交代が実現して、鳩山由紀夫が首相になりました。このとき、寺島実郎氏（評論家。多摩大学学長。三井物産戦略研究所会長、財団法人日本総合研究所理事長）の論理をそのまま実行しようとして、結局、破綻したと言われていますね。

副島　鳩山首相の普天間問題の失敗を初めから画策して、たった八ヵ月であのような政権潰しをしたのは誰だと思いますか。リチャード・アーミテージとマイケル・グリーンという恐ろしいアメリカの謀略官僚たちが指揮して、日本の〝オール霞が関〟とオール・テレビ新聞を手兵にして、日本国民の夢を潰したのです。

私は鳩山政権をもっと続けてやらせるべきだったと思います。鳩山政権が自分で勝手に潰れたわけではありません。日本国民の期待を一身に背負っていたのに、あんなひどい扱いをアメリカ連合はやってくれた。政権交代を実現し、国民が自分の力で政治をやろうとしたときに、アメリカの謀略で大きな希望を壊されました。

田中角栄や小沢一郎を叩き潰すための秘密結社「三宝会《さんぽうかい》」

副島　「三宝会《さんぽうかい》」という組織をご存知ですか？　三宝会というのは、小沢一郎の影響力の排除を目的として、一九九六年に結成された政治団体です。新聞、テレビ、週刊誌、政治家、各省の官僚、評論家などが集まり、自民党にとって最大の脅威である小沢一郎を抹殺する作戦を実行している謀略団体です。

石平　いや、私は知りません。

副島　小沢一郎を抹殺するために、「読売新聞」と「日本経済新聞」、電通、共同通信などの保守系メディアが、アーミテージとグリーンの指導の下に、官僚たちとグルになってつくられた日本の秘密結社です。鳩山・小沢政権を潰したのはこの「三宝会」です。

石平　三宝の「宝」とは何なのですか？

副島　詳しくは知りません。最初から田中角栄と小沢一郎を叩き潰すために、竹下登たちがつくった組織です。

石平　へェー。けっこう歴史がある会なのですね。

副島　上からＣＩＡが組織しているといいます。ＣＩＡに管理されながらの日本独立運動などあり得るでしょうか。彼らは必ず「アメリカの言うことを聞かなければ日本はやっていけないのだ」、「アメリカに逆らってはいけない」と言う。こういうだらしない日本の保守派に対して、私はずっと怒っているのです。

日本国が置かれているこの惨めな状態の大きな真実を、私は中国の人たちに知ってもらわなければいけないと、いつも思っています。

山本五十六や米内光政《よないみつまさ》はアメリカにつながっていた

石平　日本の保守派の知識人では、亡くなられた江藤淳さんが高く評価されていました。副島さんは江藤さんをどのように評価されていますか。

副島　江藤淳先生は大変優れた人でした。一九九九年に六六歳で逝去されました。実は殺されたのです。

石平　へェー。自殺ではなかったのですか。

副島　江藤淳氏はお風呂場で手首を切って、血だらけになりながら居間まで出て来て亡くなっています。アメリカから見たら、「江藤は許さない」ということだったのです。江藤さんは、アメリカに選ばれてウッドロウ・ウイルソン研究所やハーバード大学に留学して、ご専門の文芸評論だけでなく日米関係を研究していました。私は裏のことをそれなりに調べました。あれほどの大家だった江藤さんが亡くなられた後も、文藝春秋や新潮社からきちんとした追悼記念号が出ませんでした。きわめて異常なことです。

石平　確かに、あれほどの知識人が自殺したということ自体がおかしいですね。

副島　「家内が死んだので私、江藤は生ける屍《しかばね》である」と、あれほどの知識人が書き残すでしょうか。江藤淳は一九八三年に、『ユダの季節』を書き、親米派の知識人である山崎正和、中嶋嶺雄、粕谷一希《かすやかずき》を名指しで批判し、保守論壇から孤立することになりました。

この文章の中で、中嶋嶺雄（日本の政治学者。専門は現代中国政治。東京外国語大学名誉教授・元学長、国際教養大学理事長・学長）と山崎正和（劇作家、評論家、演劇学者。大阪大学名誉教授、文化功労者）と粕谷一希（「中央公論」編集長）らを、「アメリカの手先」として厳しく批判しました。彼らのことを江藤氏は、「イスカリオテ（裏切り）のユダ」と呼んだのです。江藤氏に非常に近い人たちの間で真実が語り継がれています。

彼らはアメリカのお世話になって、外務省の裏側の会議に参加している人たちです。作家の阿川弘之《あがわひろゆき》（小説家、評論家。代表作に、三人の海軍提督を描いた『山本五十六』『米内光政《よないみつまさ》』『井上成美《いのうえしげよし》』の三部作がある）もこの一派です。史実をねじ曲げ、嘘ばかり書いてきた作家です。阿川の書いている米内光政と井上成美と山本五十六は、アメリカと裏でつながっていた軍人といわれています。真珠湾攻撃もアメリカが唆《そそのか》してやらせたのです。

そう考えなければ、おかしいでしょう。中国大陸であれほど陸軍が混乱状態の侵略戦争を八年間もしていたときに、なぜ海軍が太平洋に出て行って真珠湾などを叩きに行ったのか。日本は股裂《またざ》き状態にされ、両方から挟み撃ちにされるために、わざわざ戦争をやっていたとしか考えられません。

最後の陸軍大臣だった阿南惟幾《あなみこれちか》（一九四五年八月一五日未明、ポツダム宣言の最終的な受諾返電の直前に、「一死ヲ以テ大罪ヲ謝シ奉ル。陸軍大臣 阿南惟幾 神州不滅ヲ確信シツツ」という遺書を残して、陸相官邸で自刃した）は偉かった。阿南は責任を取って腹を切った立派な陸軍大将です。

それに対して奇妙に生き残った米内光政らはアメリカの意のままに動いて日本を戦争に引きずり込んだ。真珠湾攻撃で、「日本人は宣戦布告もしないで、攻撃をする卑怯《ひきょう》な国民だ」という罠《わな》に陥れられました。アメリカはいつも先に手を出させるように仕組むのです。重光葵《しげみつまもる》という外務大臣も初めからグルでした。

石平さん、私がなぜ、日本の保守言論人たちに怒るかというと、アメリカの国益にばかり従う手先的存在のくせに、自分たちのことを愛国者だと信じ込んでいるからです。

私みたいな「真実暴《あば》き系」の人間が日本に出現した理由はここにあります。ほんとうのことを書かなければならない。書いて残さなければいけない。そうしないと、日本の民衆が可哀想です。

石平　ハハハハ。ほんとうにそうでしょうかね。

副島　戦後七〇年も経つと、いろいろな証拠がどんどん出てきています。

尖閣諸島は日本に帰属する

副島　彼ら保守言論人が問題にする日中の領海線紛争である「尖閣《せんかく》諸島」は日本と中国のどちらに帰属すると考えていますか？

石平　私は当然、日本に帰属していると思います。事実、尖閣諸島は確かに日本の領土です。

副島　それはそうですね。それでは中国は、なぜ尖閣諸島の領有を主張し出したのですか？

石平　それが中国なのです。中国からすれば天下はそもそも皆、中国のものだからです。副島さんはどう思われますか。

副島　国境紛争や領土問題は、二国間で真剣に話し合えばよいことだ。そして双方が譲歩して妥協することで紛争を平和的に解決する。これしかありません。それが大人の態度と

尖閣諸島付近の東シナ海ガス油田

（ウィキペディアより作成）

いうものです。

中国学で優れた矢吹晋《やぶきすすむ》という横浜市立大の名誉教授がいます。この矢吹さんが、「大陸棚の縁まではその国のものだ」と、明言しています。排他的経済水域（EEZ《イーイーズィー》。国連海洋法条約に基づいて設定される経済主権が及ぶ水域のこと。自国の沿岸から二〇〇海里〈約三七〇キロ〉の範囲内の水産資源および鉱物資源などの非生物資源の探査と開発に関する権利を得られる）の中だったらその国の権利があるから、境界線から一キロ～二キロであっても掘る権利がある。日本も掘ればよいのです。

排他的経済水域内の油田を中国は掘る権利がある。国際条約の解釈もそのようになります。しかし、このことを、矢吹さん以外は日本国内では誰も書こうとしません。

日本国内だけで勝手に、尖閣諸島沖の地下は油田がつながっているから、勝手にそちらで取ったら、こっちがなくなる、などとケチンボウなことを言っている。日本国中で温泉を掘り散らして、すぐ隣の温泉権利者（湯口権《ゆぐちけん》という）と何百年もいじましいケンカをしているのと同じです。どちらの国にも採掘する権利があるのだから、勝手に掘ればよいのです。それでも実直な自民党の二階俊博議員が、尖閣諸島地域の天然ガスの日中での共同開発をしようと、一生懸命に外交交渉をしている。それに邪魔をして、日中を無用に対立させようとするのはやはりアメリカです。

海上保安庁巡視船への中国漁船衝突事件はアメリカ政府の陰謀

副島　大陸棚の油田は、共同で開発をするということが大事です。それを邪魔するために、二〇一〇年九月に、尖閣諸島周辺の日本領海内で、海上保安庁の巡視船が両国の合意事項を無視して、中国漁船を拿捕《だほ》するという事件が起きました。故意に中国の漁船を海上保安庁が捕まえたのです。

前原誠司（当時外相）を操っているリチャード・アーミテージ（米元国務副長官）の指図《さしず》で、いかにも中国の漁船のほうがぶつかって来たように演出したのです。海上保安庁の大きな巡視船二隻が両方から、中国漁船を挟み撃ちにして捕まえたのです。その証拠は全部挙がっています。それなのに日本の右派言論人たちは、「中国の漁船が勝手に日本の巡視船に衝突して来た」と言っています。大体、大砲を備えている海上保安庁の巡視船（海上警察）に誰が自分からぶつかって行くというのですか。

石平　しかし、海上保安官の一色正春さんによって公開されたビデオの、あの場面からすれば、中国漁船のほうからぶつけてきたように見えます。

副島　あの一色正春という海上保安官は、韓国発祥のとある特殊な宗教団体のメンバーだといわれています。特殊な宗教団体が今、日本の公務員にたくさん入り込んでいます。

日本の保守言論人の二～三割は韓国系の特殊な宗教団体の影響下にあるともいわれています。石平さんの周囲にもそういう団体の人間がいて、近づいてくるはずです。中国の法輪功《ファールンゴン》（吉林省出身の李洪志《りこうし》が創設した中国の気功法の団体。会員は八〇〇〇万人にも及ぶとされる。一九九九年に会員一万人以上が当局の弾圧に抗議して、北京の中南海一帯に座り込んで注目を集めた）も恐ろしい組織です。

石平　そういえば、法輪功が私に接近してきたことがあります。

副島　東京にいる駐日北京大使館の情報分析官たちは、石平さんのことを法輪功だと思っているはずです。

石平　ハハハハハ。それは彼らの調べが誤っていますね。

イスラエルのモサドに操られていた中国

副島　私は、石平さんは彼らと一線を画すべきだと思います。

石平　ご忠告ありがとうございます。私はそういう特殊な宗教団体とはいっさい、関わりを持たないように注意しています。

副島　国家スパイ組織の話をしますと、アメリカのＣＩＡ（米中央情報部。米国務省の外省）の中に、イスラエル国の情報部であるモサドが潜り込んでいるのです。アメリカの国家情

尖閣諸島は日本と中国のどちらに帰属するのか？

尖閣諸島は歴史的にも日本に帰属する

尖閣諸島沖で海上保安庁の巡視船と衝突した中国漁船

報部でさえこの有様です。このことがアメリカの最大の弱点でもあります。アメリカは帝国なのに情報部の中に外国のスパイが潜り込んで来ているのです。そして、中国の安全部との闘いになるのです。

もう一つ、口が滑ったことにしてよけいなことまで話します。中国は長年、イスラエルから核兵器や、最高の軍事技術をいっぱい安く買っていました。一九六四年に中国政府は、新疆ウイグル自治区の楼蘭《ろうらん》周辺で、初めての核実験を行ないました。これはアメリカのロスアラモス研究所から盗み出された核兵器の部品を全部組み立てて中国が使ったのです。

イスラエルと中国政府は長年くっついていました。アメリカの軍事機密を安く中国に売るという約束があったのです。ところが、二〇〇七年三月に、北朝鮮問題を巡ってイスラエルと中国はケンカした。その時期に中国政府は決断しました。自分たちはアラブ諸国とイスラム教徒の一七億人と仲良くする。たった人口六〇〇万人のイスラエルの利益はもう考えないと決断しました。それで大ゲンカになりました。これが「北朝鮮問題」の裏側の真実です。

非常に大事な対立が起きて、中国は政策を転換して、以後、中東、アラブ世界の人々と協調するという決意をしました。中国は、イスラエルがアメリカから盗み出す軍事技術を貰うことをやめました。

そこで怒ったイスラエルは、中国の新疆ウイグル自治区でイスラム教徒を暴れさせたのです。これがほんとうの世界政治の恐さです。

このようなことを私が言うと、「それは陰謀論だ」と言われます。しかし、世界政治というのはこのような枠組みで動いているのです。中国の政治の裏側の国家情報部の恐ろしさも、私には何となくわかります。

石平　世界中に起きたことのすべてを、「どこどこの国の陰謀だ」とするような陰謀論に私はできるだけ加担しないようにしています。

南京虐殺は、食糧の乏しい日本軍が中国兵を銃撃した事件

副島　南京事件のことを石平さんに伺《うかが》いたかった。日中の重要な歴史問題だからです。いわゆる「南京大虐殺《ナンキン・アトロシティ》」（日中戦争初期の一九三七〈昭和一二〉年一二月に、日本軍が中華民国の首都である南京市を占領した際に、約六週間～二ヵ月にわたって中国軍の投降した便衣兵や一般市民などを殺した事件。「南京虐殺事件」とも呼ばれ、その期間や規模などが論議されている）についてはどう思われますか。

石平　私の答えは最初から決まっています。「南京事件」などなかったということです。虐殺の数がフレームアップされたというより、事件そのものがなかったと思います。

副島　そんなことはない。南京虐殺事件についてはすでに決着しています。「南京虐殺はなかった」と主張した日本の保守言論人たちの負けです。秦郁彦《はたいくひこ》氏（歴史学者。元日本大学法学部教授）の説で決まりです。アメリカの国務省から派遣された南京問題の役人と日本の関係者との話し合いが行なわれ、南京虐殺事件の犠牲者の数は四万人と認定されたのです。この数は文藝春秋も新潮社も渋々認めました。

ですから、これでよしと、私はします。便衣隊といわれた中国兵四万人を捕虜にしてみたものの、ご飯を食べさせなくてはならない。しかし、日本陸軍にはその食糧がなかった。それで、まとめて機関銃で撃ち殺して処分せよということになり、揚子江に死体を投げ込んだのです。それが上海まで流れ着いた写真などが出てきました。だから三〇万人がどうの、一五万人がどうのではなく、日本軍は確かに四万人は殺したのです。

南京虐殺事件はなかったという人たちの証言は、南京占領後に入った官僚軍人たちの証言です。彼らは戦闘に参加などしない後方勤務です。最前線の兵士というのは、常に暴力的になります。いつ自分が死ぬかわからない所で戦っている不安から、略奪行為を行ない、女を犯しまくったりします。どこの国でも同じです。官僚軍人たちがあとから入ったときには、もう南京市内は全部片づいていて死体は何も残っていなかったはずです。死体はずうっと川を流れていたといいます。こうした冷酷な事実で判断しなければいけません。後

南京事件は本当に起こったのか？

1937（昭和12）年12月、南京に入城する日本軍

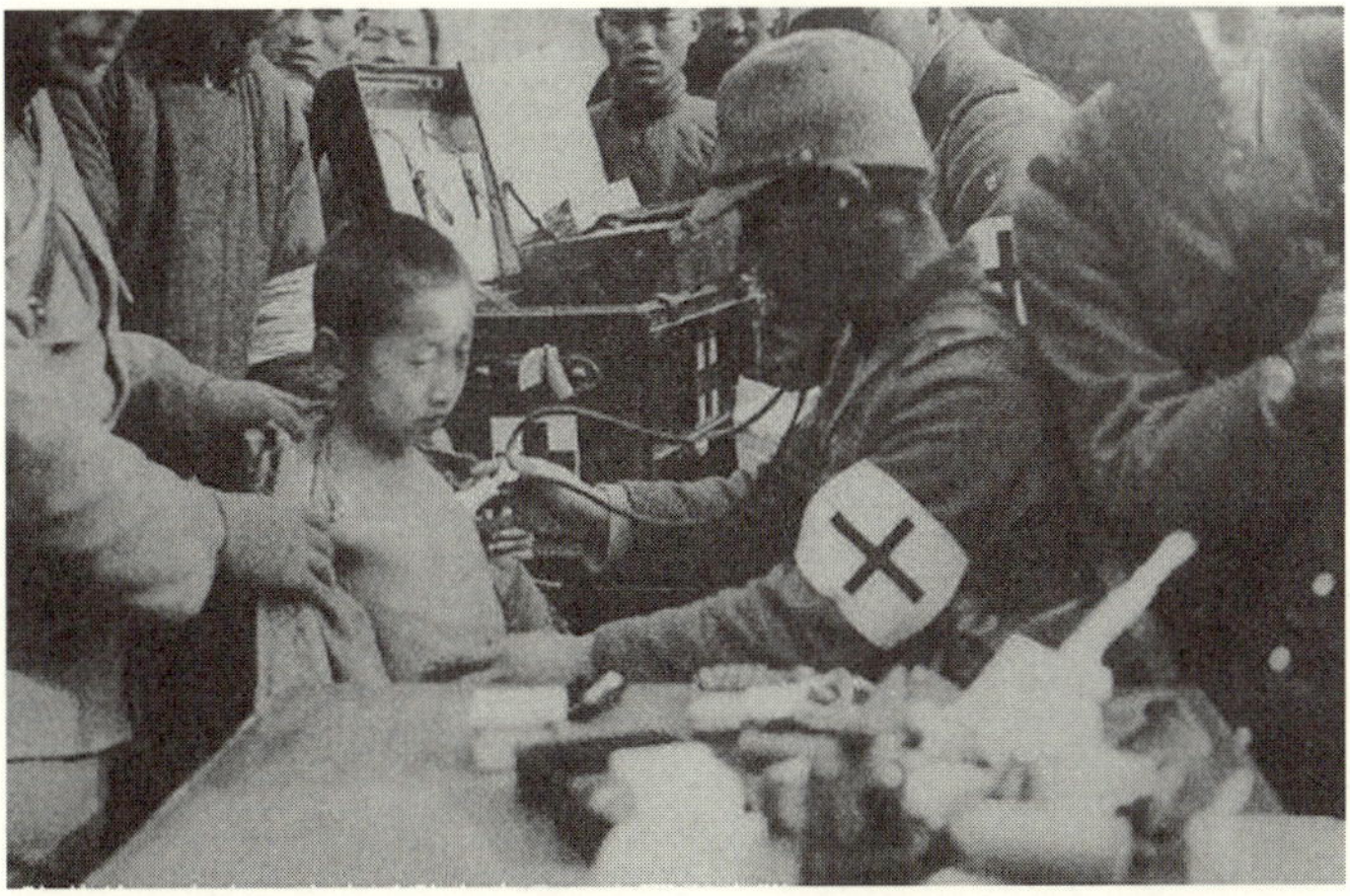

南京大虐殺は無かった。陥落後の南京で治療活動をする日本軍衛生隊

に極東裁判で絞首刑にされた松井岩根大将（司令官）は立派な人で、「捕虜の銃殺はやめろ」と喚《わめ》いていたのです。

「南京虐殺事件はなかった派」の人たちは、中国国民党軍の司令官が国民党軍に南京からの退却命令を出さなかったことがいけないとか言います。こんなのは理由にならない。日本軍が上海上陸から南京を攻略するまでに四ヵ月もかかった。日本兵は血に飢えていた。途中にドイツの軍人たちが最新式の機関銃で国民党軍を教育した陣地があって、四ヵ月の間に日本兵もたくさん死にました。双方に憎しみが溜まっていた。日本軍は兵站《ロジスティックス》線が初めから欠乏していました。そうすると周りを略奪していくのです。これで中国民衆の怒りを買った。

やはり、当時の日本人には世界が見えていなかった。自分たちがやったことは正しいと、常に言っています。しかし世界では通用しません。この問題に関しては、石平さんはすでにご自分の立場をつくっておられますから、はっきりとは言いにくいでしょう。

岩波・朝日文化人といって、日本共産党系の学者たちが岩波書店で書いて出していた細かい研究があります。彼らのほうが正しい。「産経新聞」や「読売新聞」系の右翼の言論人たちは、岩波・朝日文化人の研究や主張を絶対に認めないという形で争ってきました。しかし今は相当、分が悪くなりました。

したがって、私は秦郁彦説でよいと思います。

石平さんは、小さい頃、南京虐殺事件の話を聞いたことがありますか。

南京を都にした王朝は大体、短命に終わる

石平　まったく聞いていません。教育の中でも出てこなかったし、年寄りからもそういう話を聞かされたことがありません。確か、南京虐殺事件の話を聞いたのは大学に入ってからだと思います。

副島　南京虐殺がどうして外国であんなに騒がれるのか、日本の右翼言論人たちには理解できないのです。たかが数万人の捕虜殺しにすぎない、そんな戦闘なら他にもたくさんあるではないかと、訝《いぶか》っています。

南京事件が世界史の中で重要視されるのは、「南京が当時の中国の首都だった」からです。首都ですから、当然、外国の大使館が列を並べて置かれていました。各国の大使館の人間たちが、虐殺のときにそこに居たということが重要なのです。だから日本人と中国人にとっては大した戦闘ではなかったと思っています。ここが勘違いなのです。

石平　中国の歴史上、南京を都にした王朝は大体、短命になったということを私は指摘したいと思います。これは面白い現象です。明王朝も首都だった南京を捨てて、北京に移っ

てから長命政権になりました。

副島　ですから、上海の人たちは共産党をどんなに嫌っていても、「北京に赤い皇帝がいる」と認めてしまう。南京攻略は、国際社会の声を無視して日本軍が攻め込んだのがいけなかった。ヨーロッパやアメリカがやめろ、やめろと言ったのにやってしまったのです。ここに意味があります。したがって、南京事件は中国と日本だけの問題ではない。

石平　太平洋戦争に関しては、確かに日本はアメリカに追い詰められて開戦した面があると思います。

終章

躍進する中国は日本企業を駆逐《くちく》する？

日中経済逆転のシナリオをつくったのはアメリカか？

予測の当たらない経済分析などまったく意味がない

副島　二〇年前の日本の大繁栄でもあった一九八〇年代末バブルの真っ盛りに、資産で一〇〇億円ぐらい財産を持っていた日本の資産家層は、今は一〇～二〇億円くらいに資産を減らしてしまっています。彼らはオロオロしています。日本の金持ちたちはこれ以上、資産を減らしたくないし、増税（資産課税や相続税の強化）で国に奪い取られることを心配しています。

株は下落したままだし、債券も低利回りだし、ドルを一生懸命買って、ドル預金（多分、一ドルを一四〇円ぐらいで買っているはずです）していたら、今は八〇円台を前後していますから、半分になっています。一〇億円くらいしかなくなった財産が、さらに五億円に減ってしまうことが恐怖です。不動産も値下がりしたままです。しかし、彼らはどうしても米ドル信仰から脳を切り替えられないのです。

彼ら日本の資産家はドルがここまで下がるとは思っていなかった。藤巻健史氏（元モルガン銀行東京支店長）とか武者《むしや》陵司《りようじ》氏（元ドイツ証券副会長）などという日本の金融評論家たちは、「一ドルは二〇〇円に戻る。やがて三〇〇円になる」とか、今も言っています。今でも、日本の資産家と経営者の九割はそれを信じています。ドルは再び、二〇〇～三〇〇円に戻ると思っているのです。少なくとも、一〇〇円台には戻ると思っています。そうならないと、自分が被《こうむ》った損を取り返せないからです。私は、「そんなことはない。ドルはさらに六〇円～四〇円に下落していく」と予測しています。

石平さん。必ずドルはさらに暴落しますよ。

石平　そこをいろいろ教えていただきたいところです。世界全体の経済秩序がこれからどう変わるか、それがいちばんよくわかっているのは、恐らく副島さんでしょう。

副島　お褒《ほ》めをいただいて、どうもありがとうございます。生意気なようですが、日本国内では、私が金融・経済のことをいちばんよくわかっていると自負しています。「金融と経済」と日本語ではいうのですが、変な言葉です。中国語では「財経」と言いますね。

日本では、私のような型破りな人間が、「金融・経済」と言い出したのです。ほんとうは経済《エコノミー》の一部が金融《マネー》です。それ以外は実体経済です。経済の中でも今はお金に関することが大事です。お金の動き、金融資産を守ることが、金持ち層にとっては焦眉《しょうび》の課題です。経済は、お金以外に生の経済、実物経済があります。貿易、物流、製造、サービス業などの話です。これらすべてを含めて経済なのです。そして大事なことは、「これからどうなるか」だけです。

石平　それはまったく、同感です。

副島　経済学者たちが、いくら偉そうに難しく解説しても、何の役にも立ちません。「それでは、これから一年後、二年後、三年後、五年後に、世の中はどうなっていくのか」を言えなければ、経済学という学問自体が無意味である。問題意識を持てばよいというだけでも済まない。経済学《エコノミクス》は金融と経済についての近未来予測の学問です。

石平　逆に、近未来予測ができなければ意味がないと言いたいのですね。そういうことになると、日本中の経済学者は何も書けなくなるのではないですか。

副島　そのとおりです。彼らは自信を持って近未来予測ができない。予測を外して大恥をかいた人がほとんどです。だから、だんだん彼らの本が出なくなっています。彼らの書いた専門書は書店の目立つ所には並ばなくなっています。

石平　誰も読む人がいなくなっているのですね。

副島　そうです。予測らしいことを書いてもほとんどが外れて恥をかきます。それで一般書を書く気力がなくなってしまったのでしょう。彼らは学界の中に立て籠っています。
　その次に、金融評論家とか官庁エコノミストたちの本も出なくなりました。官庁エコノミストというのは、日銀や経産省や内閣府統計局（かつての経済企画庁）とか政府の機関にいて、経済政策《エコノミックポリシー》がわかっていると自負している専門家といわれる連中です。以前は本を出していたのですが、彼らの本も出なくなりました。逆に、いちばん下品なファンドマネージャー（バクチ奕《う》ち）の連中が、今では金融本を書いています。私も彼らと同一視されて、今や下品なほうの物書きの枠の中に入れられています。

石平　ハハハハ。何が上品で、何が下品かという基準は誰が決めるのですか？

副島　東大を出ているかどうかだけです。

石平　えっ、それだけの基準ですか。それでは私は立派な評論家ということになりますね。

副島　そう。石平さんは北京大学を出ていますから、中国ではそう見られますよ。日本でも簡単に言うと、東大を出ているか、どうかだけです。このこともあまり言ってはいけないことになっています。

石平　元首相の宮澤喜一さんのことを、本で読んだことがあります。宮澤さんは、人に会うと、まず学歴を聞くそうです。そして、「東大出身でなければ、もう人間じゃない」くらいの扱いをしたらしいのです（笑）。

副島　ほんとうですよ、その話は。それは本に書いても仕方がないことになっています。それくらい日本では当たり前のことです。水と空気みたいなものです。

債務危機でボロを出したヨーロッパに世界覇権は戻らない

副島　日本の先行きを近未来予測で当てなければいけない。当てられなければ失格だ、と言われるくらいの切実さが、今の金融・経済問題の著者には課せられています。

私は近未来予測で八、九割を的中させてきた自信を持っています。ただ、欧州の国家債務危機でユーロの値段の予測を少し外したかなと反省しています。ヨーロッパ人はもう少し、しっかりしていると思っていました。意外なほど知恵の蓄積がなかった。そのことが今回の金融危機でよくわかりました。

欧州の首脳の連中は貴族様たちだからです。神聖ローマ帝国、後のオーストリア・ハンガリー帝国を築いたハプスブルク家や、スペイン帝国、ドイツ帝国、フランク王国、大英帝国の威張りくさった貴族たちの末裔《まつえい》です。だから、中国のことを今でも、「あの貧乏な中国人ども」と思っているはずです。「あの品のない汚い連中にお金を借りなければいけないのか。ああ、残念だ」と、思っているでしょう。

それくらい、国際金融に関わるヨーロッパ貴族たちは威張りくさっています。これでヨーロッパの没落がはっきりしてきたと私は思いました。もう二度とヨーロッパに世界覇権は戻らないでしょう。アメリカに世界覇権が移ってから一〇〇年になります。ところが、アメリカの衰亡、衰退も著しい。

石平　アメリカの衰亡、衰退の根本は何が原因なのでしょう？　よく言われる製造業の衰退、または金融の崩壊ですか？　副島さんからすれば、アメリカはどこがいちばんおかしくなっているのでしょうか？

副島　一つは、エネルギーとしての石油の重要性が減ったということです。アメリカ帝国は、石油とともに勃興《ぼっこう》したロックフェラー家によってつくられました。まだまだ世界は石油で動いています。しかし、中国は今もエネルギーの七〇％も石炭に依存しています。ヨーロッパでも実際には、石炭の需要が大きいです。

石平　えっ？　ほんとうですか？

副島　ドイツにしても、フランス、イギリスでさえ、今でも石炭に三〇～四〇％も依存しているると思います。日本はほとんど石炭への需要はなくなり、エネルギー源を石油に切り替えてしまいました。一九六〇年代に一気に切り替えてしまったのです。この切り替え方は尋常ではなく、労働争議が起こり、三井三池炭鉱をあっという間に潰してしまいました。

福岡県大牟田市と三池郡高田町にあった三井三池炭鉱は、江戸時代から採掘が行なわれていましたが、一九九七年に閉山しました。

石平　当時、石炭の採掘には経済上の合理性はあったのですか？

副島　石炭の使用はものすごい合理性がありました。日本は初めは石炭を基盤にして高度経済成長の時代に入ったのです。その後、アメリカが日本に石油エネルギーへの転換を促した。〝反共の防波堤〟として日本を育成しました。サウジアラビアやアブダビから、いくらでも石油が供給できたので、日本が購入するなら契約を取ってあげるからとお膳立《ぜんだ》てをしたのです。

石平 なるほど。日本はそのようにアメリカの経済システムに組み込まれていったのですね。

副島 そうです。日本の経済は完全にアメリカに組み込まれました。アメリカは、石油コンビナートで日本を豊かにし、先進工業国に改造して、立派な国になれと日本に命じました。

「日本を中国、ソビエトなど共産主義国に対する防波堤にする」という意図です。そのために、「日本を豊かにせよ」ということで、日本政府はアメリカの要求に忠実に従っていたら一九六〇年代から急激に豊かになりました。日本はアメリカの先端技術をタダで貰って、さらに良いものをつくってしまったのです。

石平 そのあと、アメリカは日本を脅威に思ったでしょう。

副島 日本が脅威になった。だからアメリカに一九九〇年代からバッシングされ始めたのです。一九八五年には「日米半導体交渉」が行なわれ、交渉の結果、日本製半導体製品が優秀で高品質のため、ダンピング輸出だとケチをつけられ、日本の半導体市場は閉鎖的だと言われ、アメリカのメーカーから半導体を二〇%分、購入させられるという協定を結びました。日本製半導体企業は叩きのめされたのです。テキサス・インストルメントとモトローラをアメリカは守った。

その次に、一九九五年に日米の自動車をめぐる貿易摩擦が起き、「日米自動車交渉」が行なわれました。アメリカは、「日本は自国の自動車の輸出ばかりして、アメリカの車を買おうとしない。許さない」と、難癖をつけてきました。ただ単にアメリカの自動車品質が悪いだけのことだったのに、アメリカがこのとき何をやったかというと、日本の自動車会社の販売店のショウウィンドウに、何とアメリカ車を並ばせたのです。日本人は米車《アメシャ》を買うと故障が多いことを知っていましたから、「誰がこんなボロ車を買うか」と思っていた。アメ車を買えば、修理代がまた、五〇～一〇〇万円もかかってしまうからです。

日本の車好きたちにとってはこのことは常識でした。ところがアメリカ政府は自国の〝ビッグ3〟からの要求を受けて。日本を苛めぬいた。

二〇年前に日中逆転の構図をつくったプレストウィッツ長官

副島　この二〇年間に、きっと同じことをアメリカは中国にも要求してきたはずです。中国の下請けメーカーたちは必死に品質を向上させた。半導体（ＩＣ）の問題で言いますと、アメリカ商務省の優秀な交渉官であるクライド・プレストウィッツという人がいました。

彼は一九八八年に『日米逆転』（ダイヤモンド社刊）という本を書きました。その中で、「アメリカはもう日本の半導体には勝てない」と言いました。それではどうしたらよいかというときに、彼はものすごい戦略を組んだのです。

プレストウィッツは、「ICと半導体《セミコンダクター》をコモディティ（基本物資、原材料）にしてしまえ」と考えたのです。「ICと半導体《セミコンダクター》はハイテクノロジーではない。コモディティ（材料）にしてしまえ」と命じました。日本の富士通やNECや日立などの半導体メーカーを叩きのめすために、彼は、「台湾人と韓国人にタダでアメリカのICの先端技術を教えろ」と命じたのです。そうやって、台湾と韓国でICの量産が始まりました。

これにより、当時、二五六の半導体の汎用品は一〇〇ドルくらいの高価格でしたが、最後は三ドルくらいにまで価格を落とされました。これで「電子立国」と威張っていた日本は撃滅されました。台湾の宏達《こうたつ》電脳とかエイサー、そして韓国のサムスン電子などが急成長を遂げ、世界的大企業になりました。アメリカがタダ同然でIC技術を与えたからです。それらの台湾・韓国の企業が今は中国でスマートフォンをつくっています。日本の電子企業が負け始めたのです。日立やNECや富士通はあまり利益が出なくなったのです。

このようにアメリカの世界戦略というのは熾烈です。同じことをアメリカは中国に対してもやろうとしました。ところが、どうやら中国人のほうが一枚上で、頭が良くて、アメ

日中逆転の構図をつくったプレストウイッツ長官

プレストウィッツ元商務省審議官が書いた『日米逆転』の中の「コモディティ戦略」により日本の半導体（IC）技術は、中国・台湾・韓国に逆転された

2009年、ラスベガスの見本市にブースを構えるサムスン電子

リカに騙されなかったようです。

石平　中国人は一九八五年に始まった日本の「プラザ合意」のことをよく勉強していますからね。だから今でも、アメリカによる人民元の引き上げ要求を拒んでいます。

副島　日本人も一九八五年のプラザ合意がその後の日本に与えた影響を一応わかっていますが、深くは知りません。きっと中国では、バカな日本がアメリカにまんまと騙されたと、大学で教えているのでしょう。あのときに一ドル＝二四〇円だったのが、二年後には一二〇円にさせられたのです。日本はあのとき、二〇〜三〇兆円も大損しました。為替が半分に減ったから、ドル建て資産が半減したのです。つまり、日本政府は秘密協定でアメリカを助けたのです。あのとき、ドイツと日本が犠牲になった。ドナルド・レーガン政権時代の一九八〇年代のアメリカは赤字大国になっていました。その理由は、ソビエトとの核兵器戦争でお金がかかって貧乏になったというのが一般的な理解です。

あのときの大蔵大臣は竹下登で、首相は中曽根康弘でした。この二人はほんとうに悪い政治家で、アメリカの手先に進んでなることで、権力者にして貰った者たちです。二人とも、自分では愛国者、国士だと思い込んでいます。この二人が田中角栄（元首相）を潰したのです。今は小沢一郎に襲いかかっている。

ですから、私は田中角栄と小沢一郎を擁護する言論人だと自分では思い定めています。

これは私の運命です。

石平　いわゆるロッキード事件は、アメリカが田中角栄さんを潰すために起こしたといわれていますね。彼がアメリカに先んじて中国との国交回復に踏み切ったことが、アメリカの不興を買ったのでしょう。

副島　そうです。一九七六年にロッキード事件が起こされて、田中角栄が失脚していく陰には、アメリカのＣＩＡの力が働いています。日本で最初に田中角栄を追い詰めていったのは、「田中金脈問題」として追及した立花隆《たちばなたかし》氏の『田中角栄研究』でした。この本を出版した文藝春秋こそ、ＣＩＡの手先です。日本の検察官や裁判官たちもグルになって、アメリカから仕事をさせられるという構図があったのです。田中角栄を犯罪者に仕立てて、ロッキード裁判で潰してきたのです。この流れが今の小沢一郎への弾圧裁判です。

そもそも、田中角栄でさえ、アメリカの許可を貰って首相になれたのです。アメリカ政治を牛耳っているのはロックフェラー財閥です。そのロックフェラー家の当主ジョン・ロックフェラー二世の次男坊がネルソン・ロックフェラーです。当時、ネルソン・ロックフェラーはフォード政権の副大統領でしたが、彼が田中角栄を「首相にしてやる」と言ったのです。ところが、このあと田中角栄はアメリカの許可を貰わずに中国に行き、日中の国交正常化を進めました。アメリカ（ニクソン）が中国に行ったのだから、自分も行ってよいはずだと考えたのです。

田中角栄は、「石橋湛山《いしばしたんざん》先生、明日から中国に行って平和条約を結んできます」と、石橋湛山（元首相。保守合同後、初の総理総裁となるが、在任二ヵ月弱で脳梗塞《こうそく》を発症して退陣した。退陣後は中華人民共和国との国交回復に力を尽くした）を見舞ってから中国に向かったのです。アメリカは、「勝手なことをするな」と怒って角栄を失脚させました。

このまま行くと、日本は中国の属国になるか？

副島　田中角栄の失脚のもう一つの原因は、メキシコやインドネシア、アブダビなどと石油の政府間での直接取引を決めたことです。当時は世界中が石油危機でしたから、そうしないと日本は危機を乗り切れなかったのです。角栄はアメリカの逆鱗《げきりん》に触れて潰された。

学歴がなかった、高等小学校しか出ていなかったと蔑《さげす》んで、文藝春秋たちは田中角栄を潰したのですが、彼ぐらい愛国者はいないと思っています。ですから田中角栄の正統な跡継ぎが小沢一郎です。田中角栄の裁判をずうっと、小沢一郎は傍聴席で見ていました。

石平　それは、最初から最後までですか。

副島　そうです。徹底して見続けたのです。石平さんが多分、周りから聞かれている「小沢は悪者だ」という中傷は、すべて虚構です。なぜなら、反小沢の人たちは、「小沢一郎は中国につこうとしている」と言う。「その証拠がありますか」と、私は反論したい。私のような人間でさえ、「日本がもし中国の属国になったら、どうしたらよいのか」という問題に答えなければならない時代がきたのです。冷静に考えたらあり得ることです。石平さんだってそう思うでしょう。五年後、一〇年後に、日本は中国の属国になる可能性は充分にあるのです。

石平　私はそうは思いません。なってはならないと思います。

副島　私は、日本が中国の属国になる要素が充分にあると思っています。

一つは石油の話をしました。もう一つはIC・半導体の問題です。日中の政治的駆け引きなどは言葉の綾《あや》であり、表面的な交渉ごとだからどうでもよいのです。しかし貿易（実物経済）は別です。たとえば、今、世界中の子どもたちが持っているスマートフォンです。日本にとっても、世界にとってもいちばん大事な必需品となっているこのスマートフォンは、ほとんどが中国製です。前述した台湾の大手電子機器メーカーである鴻海《フォンハイ》精密工業がアップル社のアイフォンやアイパッドをつくっています。それらは宏達電子とかアジアの製品です。そして宏達電子（ＨＴＣ《エイチティーシー》、王雪紅会長）がグーグルのアンドロイドをつくっています。亡くなったアップル社のスティーブ・ジョブズ会長などはもうどうでもよいのです。

世界最先端のコンピューターを中国人がつくって、その技術のほとんどを握り、理解しているのだからです。その影響が日本にも出てきます。中国にばかりでなく、日本は韓国のサムスン電子にも勝てないのです。ソニーはサムスン電子から液晶や半導体を買いました。ついにシャープの大株主に鴻海《フォンハイ》精密工業がなりました。

石平　しかし、半導体にしてもパソコンにしても、最終的な中枢の技術、心臓の部分が日本にあればよいのではないでしょうか。

副島　確かにそうです。日本の最後の砦《とりで》、ハイテクのいちばん優れた心臓部はデバイスです。デバイス、つまり電子部品です。この小さな部品は、スタンレー電気とかアルプス電気などが特許を持っていて、その部品の数の多さはものすごいものです。

日本では、パナソニックとトヨタの二大巨大企業が、それぞれ日本の人口の一〇%ずつを食べさせているといっても過言ではありません。下流というか裾野《すその》のほうの下請け企業やその社員の数は膨大です。この二つの企業が没落したら大変です。パナソニックは今年、七八〇〇億円の赤字を出しました。自動車業界もアメリカに殴られて、ひどい目に遭って利益が出ません。利益が出て、儲かったお金は全部、アメリカに置いていけということを、アメリカはほんとうにやります。

それでは仕方がないからということで、日本の大企業は中国に出て行くのです。

石平　そういう意味では、すごく日本の大企業が中国市場に賭けた火種は大きくなるかもしれません。

副島　中国に進出している日本の大企業一二〇〇社は、中国で利益を出さないと、もう生きていけない状況になっています。二〇年前に中国に進出した中小企業が、中国人と信頼関係を築かなかったので、騙されて工場ごと奪い取られたという話が日本国内の経営者たちの間で流れました。私も聞いて知っています。工場と資金を置き去りにして、命からがら逃げ帰って来たのです。

こういう連中が、「中国人は泥棒民族で、仁義も信義も何もない」と言いふらしました。一部は真実でしょう。あのときの中国はそれをやるしかなかった。

鄧小平の改革開放が始まった一九八〇年代には、中国にはまったく資金（資本）がなかった。無理やりでも資金をつくるしかなかった。

それは「資本の原始的蓄積」と呼ばれるものです。初期資本家というべき人々が出現しました。カール・マルクスの『資本論』に書いてあるとおりです。これが「万元戸《まんげんこ》」（中国が改革開放を始めたとき、農村で世帯年収が一万元〈約一五万円〉を越えた新興の金持ち階級のこと）の出現です。この人たちが一生懸命、外国人商人を騙して今日の中国の躍進を築いたのです。

資本主義の毒をもって、資本主義国を徹底的に搾取《さくしゅ》する中国

石平　中国人はこのことを正当化するためのよい理論を持っています。昔、西欧列強が外国に出て植民地をつくって、植民地から搾取《さくしゅ》して原始資本を蓄積したのです。今や、中国は外へ出て、植民地をつくれません。唯一できることは、外国資本を中国の中に誘い込んで、徹底的に搾取することです（笑）。そもそも、「外国が持っている資本は、われわれ中国人から搾取して儲けたものだ」と、中国人は考えているのです。大体、マルクスの経済学理論をよく勉強しているのも中国人です。

副島　それはそうですね。中国人がいちばんマルクスを勉強していると思います。

石平　彼ら中国人は、曰《いわ》く「今は資本主義の毒をもって、資本主義を徹底的に搾取している」というのです。

副島　ハッハッハ。素晴らしい。私に言わせれば、中国共産党こそ世界最大の資本主義者《キャピタリスト》です。世界最大の金持ち資本家です（大笑い）。彼らがどこにいくらお金を持っているかわからないのです。

石平　中国の市場を誘い水にして、世界中の資本を中国に誘い込みました。「中国の中に入ったら、もう、お前たちの自由にはならない。もうこちらの思うままになるしかない」

というのです。要するに「囲い込み」による搾取です。

副島 そういうことはどこにも書いていません。石平さんが書くべきです。

石平 ワッハッハッハ。これは門外不出なのです。私も今、副島さんの理論に触発されてやっと思いつきました。

副島 日本人もなんとなくわかっているのですが、実はその辺を皆聞きたがっているのです。中国人が誰も言ってくれないからです。

石平 そうですか。ある意味では鄧小平の改革開放政策はまさにこれでした。昔は、外国資本が中国を搾取して、財産を外へ流出させた。今の中国は何もない。「資本の蓄積」の唯一の手段が市場です。その市場を誘い水にして、外国資本を全部、手に入れればよい。

副島 その代わりに中国が払った犠牲は、国土が汚れたことです。すべての中国国内の資源を使い尽くして、水と空気を汚した。中国国民が払ったこの犠牲も大きかったと思いますよ。

石平 それこそ「囲い込み」（中世末から近代にかけて、とくに英国で、それまで開放耕地制であった土地を、領主や地主が牧羊地や農場にするため垣根などで囲い込み、私有地化したこと。その結果、耕作地を失った農民の都市流入や賃労働者化を招いた）で、外国のどんな汚い産業でも喜んで受け入れ、お金に換えた。

副島 もう一つ、大事なことを申し上げましょう。中国の女性たちは、たとえ売春婦をやってでも、お金を稼げと、鄧小平は言ったに等しい。私は、こういう鄧小平が大好きです。「売春婦をやってでもよいから、外国人を騙してお金を稼いで、まず自分が金持ちになれ」という「先富論」は、心底、素晴らしいと思います。

石平　しかも彼女たちは単なる売春婦では終わりません。上海で一〇年間、売春婦をやって、田舎に帰ったら大金持ちになれました。その資金で工場をつくったり、産業を起こしたりしたのです。中国では売春婦を二〇年やったら立派な経営者になれるのです。

副島　日本に嫌々ながら、泣く泣くやって来た中国人の若者たちも、恐らく二〇年くらい前にお金を五〇〇万～一〇〇〇万円くらい蓄えたと思います。彼らが故郷の田舎に帰ったら、その資金は当時の中国のお金で一億円の価値があったと思います。

石平　そうです。そうです。それがまさに資本なのです。

副島　この二〇年間で中国は一〇〇倍豊かな国になりました。一〇年で一〇倍、その前の一〇年で一〇倍になっていますから。

中国では、外資企業の囲い込みが終わり、追い出しの時代が始まった

石平　中国の今の資本の蓄積、『資本論』でいうところの原始資本の蓄積をさせたのは、皆さん日本人のお陰です。それにヨーロッパ人、アメリカ人のお陰です。

副島　中国はそれでよいと思います。中国でひどい目に遭った、騙されたと言った最初の頃の日本の経営者たちは甘いといわれる。企業経営者仲間は冷酷ですから、「騙されたあんたが悪い」と必ず言います。その後に入った日本の一二〇〇社の大企業は政府間協定で、ある程度、保護されています。中国共産党の書記局、つまり官僚たちとの話し合いをしながら、五年間は利益を出させる、その代わりに日本の先端技術を提供するという契約を厳しく交わしていると思います。

四年前から、中国政府は「内陸部に行け、内陸部に行け」「沿岸部ではもう儲けさせない」と、言いだしました。中国の企業に対してもそれをやっています。昔は、上海《しゃんはい》緞通《だんつう》とか、北京緞通とか呼ばれた絹製の高級絨毯《じゅうたん》を沿岸部でつくっていましたが、今はつくっていません。すべて内陸部に工場が移りました。

石平　それらの話から考えられることは、これから中国に進出して来る外資企業は、むしろ受難の時代に入るということです。中国ではもう、「資本の蓄積」の時代は終わりました。「囲い込み」も不要になりました。これからは中国の企業が技術を掌握して、よりよいものをつくれば、自動車産業がその典型ですが、外国企業は中国に進出できなくなります。逆にこれからは、中国企業が国内で大きくなるために、外資企業を「囲い込み」でなく、「追い出し」にかかる可能性が充分あります。

副島　確かに「追い出し」は始まっています。東大工学部の西村肇《はじめ》先生という名誉教授から私は三年前にはっきりと聞きました。西村先生は七〇を過ぎているので、自分の同級生たちは皆、大企業の研究所所長なのです。その西村先生に、ＪＲのいちばん偉い技師長が言ったそうです。

「日本の新幹線や高速鉄道の技術は全部、中国に超《こ》された。中国はもう日本から学ぶものはない。ドイツからリニア・モーターカーの技術も吸収した。宇宙技術も、アメリカとの宇宙戦争に備えているから、アメリカを凌ぐだろう。中国はあらゆる業種のすべての技術を吸収したので、もうエンジニアはいらない。全部、中国人だけでできる」と。

中国ではこの半年で自動車の国内生産は落ちています。先ほど石平さんが話したとおりです。消費も落ちているので、中国はブラジルで中国製の自動車を現地生産して売るということを発表しました。つまり、輸入ではなく、輸出を始めたのです。

前述のように、私は昨年（二〇一一年）の九月に内モンゴル自治区のフルホトに取材に行きました。日本人の経営者で、自分の国内の会社が潰れてしまったので、中国人の奥さんのところに身を寄せた人です。命からがらというか、日本の企業経営者は借金ばかり抱えていて大変です。能力のある人ですから、彼は中国人の奥さんのところに行ってよかったと言いました。

その人が、中国第一汽車（一九九一年にフォルクスワーゲンと提携し、世界の最新技術を使った乗用車フォルクスワーゲン・ジェッタの生産を子会社で開始した）製の車に乗っていました。〝上海一汽〟といいます。外国車のライセンス生産もやっています。その「中国製の外車」に乗せて貰って、毎日三〇〇キロを移動しました。まったく壊れなかったし調子がよかった。

中国の国産車はヨーロッパ基準の第四段階の排気ガス規制をクリアーしたそうです。まだダメなのは、安全基準だけだそうです。ぶつかってガチャンと壊れる基準まではまだクリアーできていない。三〜五年前の型落ちのトヨタ車のようでした。そこまで、中国の自動車の性能はよくなりました。

私は一昨年まで、中国の車をバカにしていました。今でも、中国の電気製品はバカにしています。ハイアール（世界でNo.1の生産シェアを誇る中国の家電メーカー。冷蔵庫や洗濯機などの白物家電、テレビ、エアコン、ラップトップパソコンなどを、世界一六五ヵ国以上で生産・販売している）は、三洋電機と提携して、二〇年昔から粗悪品をいっぱい日本に輸出しました。そして昨年、三洋電機の白物家電部門を買い取りました。三洋電機の中で、松下（パナソニック）に行きたくない社員たちがハイアールに残ったら、ハイアールが面倒を見てやると言ったらしい。そうしたら、ハイアールに移った三洋の社員たちはパナソニック（松下）の悪口を言いだしたそうです。

「俺たちは、今からハイアールの中で世界一の家電屋になってみせる」と。

そのハイアールの製品を、ワインクーラー以外は私はまだ信用していません。しかし、あと何年かで、中国家電も質が良くなるでしょう。

ですから、私なりに冷酷に中国の近未来予測をして、中国がどうせ勝つ。中国は日本ごときを相手にしていません。「トンヤンクイズー」という言葉の真の意味を、私は独力で解明しました。

石平　ハハハハ。「東洋鬼子」のことですね。

中国は西洋に傷つけられたプライドを日本蔑視で晴らした

副島　そう、東洋の鬼子《おにこ》です。日本人は東洋というと、すぐに「西洋 対 東洋」というイメージを抱きます。しかし、東洋《オリエント》というのはインドと中国のことです。西洋人やアメリカ人はインドと中国のことを「東洋」というのです。日本人は自分たちが東洋の代表だと思い込んでいますが、世界はそうは思いません。日本はアジアの東の端《はし》です。中国人にとって東洋は「トンヤン」ですから、「東の方の大きな海」を表します。中国人にとっては「東の方の大洋」、すなわち「太平洋」のことですよね。その太平洋の中に浮かんでいる鬼が島という島があって、そこに住んでいる鬼たちが「東洋鬼子《トンヤンクイズー》」なのです。それくらい、中国人というのは、日本人を正しく理解しています。

石平　ワッハッハッハ。正しく理解しているというよりも、中国人の対日観は、アヘン戦争（一八四〇年から四二年まで、清とイギリスとの間で、アヘンの密輸が原因で行なわれた戦争）に負けた「屈辱史観」の裏返しでもあります。アヘン戦争以来、ずうっと西洋列強に苛《いじ》められ、結果的に中国人がわかったことは、西洋技術はすごいということでした。軍艦もつくれる、結果的に西洋に対応するために、中国人も認めざるを得なかったのは、高度に産業化しなければいけないということでした。結果的に中国は西洋に頭を下げなければならなかったのです。

しかし、ここで傷つけられたプライドへの憂《う》さを、徹底的に日本を蔑視することで晴らしたのです。自分たちは西洋に頭を下げなければならないという屈辱を、日本を蔑視することでバランスを取ったのです。中国人全体が蔑視できる対象になったのが日本だったのです。

副島　ところがですね、そのことは日本人には伝わってこないから、日本人は何とも思わないのです。中国人が日本をどう考えていたのか知らないのです。驚くべきことですが。

石平　中国人の日本観の中には、実は西洋への屈辱が根強く投影しています。

副島　私は、石平さんの自叙伝ともいうべき『私はなぜ「中国」を捨てたのか』（ワック出版刊）を読んで、中国人の日本に対する根底的な見方を知り、ものすごく勉強になりました。

日本は、中国が西洋化するための通過点であり、パイプ役

石平　中国の知識人はあまり言いたがりませんが、中国の日本観の根底には、「日本は、中国が西洋化するための一つの道具、通過点、パイプ役だ」とする考えがあります。中国は西洋とぶつかったとき、西洋からどう学びとったらよいかと考え、日本を通じて学べばよいと考えたのです。

マルクスの『資本論』も日本語訳から翻訳したくらいです。現代中国語のかなりの部分は日本語を導入しています。日本人は英語の概念を漢字に直して導入しました。「政治」「哲学」などの言葉も日本製です。中国も、日本語の「政治」「哲学」などの言葉を採用しました。ただし、それ以上でもなければ、それ以下でもありません。

副島　日本と中国はこれまでお互いに言葉を置き替えて、互いに何とか理解し合おうとしてきました。

石平　しかし、中国は西洋を勉強したと思った途端に、日本がいらなくなったのです。

副島　確かに、今はそこの段階にきていますね。

　最後にお聞きしたいのですが、石平さんは、もし今の中国が、かつての南宋のような美しい国になったら、再び中国に戻りたいと思っていますか。

石平　私は戻らないでしょうね。別に戻らなくても、南宋時代の理想はここ（日本）にあるのですから。わざわざもう一度中国に戻ってそれを求める必要はまったくありません。

副島　お生まれになった四川省への望郷の気持ちはありますか。

石平　それはもちろんあります。生まれたところは誰でも懐かしいものです。しかし、それだけです。

副島　つまり、上海とか北京とかにはあまり関心がないということですね。

石平　あんなところにはまったく関心がありません。

副島　四川省というのは独特な土地なのですか。

石平　私にとって四川省は独特な世界です。

副島　しかし、石平さんの著書では、大変な虐殺が四川省で行なわれたと書かれています。

石平　それは北方から攻め込んで来た民族が行なったことで、もともと住んでいた四川人がやったことではありません。北方民族が四川省に乱入してきてやったのです。

　ただ私の先祖は虐殺が終わったあとで、湖南省からやって来ました。虐殺が終わってから、四川省は不毛の大地になってしまいました。そこで周辺の地方から大量に人口が移入してきたのです。

副島　大きく言うと、中国の歴史は遊牧民系《ノウマド》と農業定住民系《アグラリアン》との争いです。北方から遊牧民が攻めてくると、皆殺しですよね。しかし、遊牧民にしても、定住したほうが家を持つことができ、お風呂にも入れるし、川も流れていて、農産物も採れるから、楽なはずです。彼ら遊牧民系の民は、ほんとうは農耕地に定住したいのではないですか。

石平　農業定住民を攻めていく遊牧民系の連中は定住したいけれど、やはり根本的に考え方が違うのです。彼らは常に「征服」を考えています。それが今の「中華帝国」の戦略につながっています。

　ですから、中華帝国にどう対処していくのかが、これからも常に日本にとっての大問題ですね。

副島　日本と中国は必ず近いうちに、平等互恵の友好的な絆を結べるでしょう。石平さんには、アメリカの属国下に置かれた今の日本の悲惨な真実を、どうか中国国民に伝えていただきたい。

　長時間にわたって、ためになるお話を聞かせていただきありがとうございました。

おわりに――〝アジア人同士、戦わず〟の「大《おお》アジア主義」の立場で

偉大な亡命知識人の伝統に連なる人

石平氏はこれからの日本国にとって大切な人である。それは彼が中国から日本への政治亡命者あるいは亡命知識人の伝統に連なる人だからだ。中国からの亡命知識人こそは二〇〇〇年にわたるわが国の宝物である。蘭渓道隆《らんけいどうりゅう》（一二一三～七八。鎌倉時代中期に南宋から渡来した禅僧）や兀庵普寧《ごったんふねい》（一一九七～一二七六。鎌倉時代中期に南宋から渡来した臨済宗の僧）らが元（モンゴル）の襲来を避けて亡命して来て、日本側に逸早く世界情勢を伝え、京都や鎌倉の五山文学《ござんぶんがく》を創始したのである。

それから四〇〇年後の江戸初期に、わが国一六番目の最後の宗派・黄檗《おうばく》宗の開祖・隠元《いんげん》禅師（一五九二～一六七三。中国明末～清初期の禅宗の僧、日本黄檗宗の祖）が満州族（女真、のちの清朝）の侵略を避けるために来日した。そしてもう一人、朱舜水《しゅしゅんすい》（一六〇〇～八二。江戸時代初期に来日した、明の儒学者）が来た。彼は徳川氏（江戸幕府）に対して日本から明国へ援軍を求めてついに容れられず、日本に留まった。そして、日本の権力者たちは彼ら亡命知識人を最上級の扱いで丁重に迎えた。

わが国は二〇〇〇年来、中国文明＝東アジア文明の周辺文化国の一つである。

私は石平氏から中国五〇〇〇年の浩瀚《こうかん》なる知識と思想を熱心に習おうと思う（教えを乞おう）。漢文・漢籍教養こそは日本知識人の能力証明であった。漢籍教養のない者は、日本では知識人として認められない。漢字は日本人には外国からの文字である。この伝統は明治期に消えた。このあとは西欧とアメリカの思想と文物が席捲《せっけん》した。今の日本知識人に、漢文学者の伝統が途絶えたので、掛け軸の漢詩文を読もうとしてもまったく歯が立たない。渡来した中国知識人に、教えを乞うべく這いつくばったこの日本知識人の長い伝統に、私は連なる。

「折たく柴の記」の新井白石や、「寸鉄録」の藤原惺窩《ふじわらせいか》の深刻な悩みを私も共有する。山《やま》鹿素行《がそこう》や熊沢蕃山《くまざわばんざん》、山崎闇斎《やまざきあんさい》らのように、苦し紛《まぎ》れに、「本朝《ほんちょう》（わが日本国）こそは、中朝《ちゅうちょう》（中華、世界の中心）でござる」と、逆転の発想で逃げ切ろうとした日本中華思想の系譜に私は安易には乗らない。

実はこの対談の初めで、石平氏は、宋・南宋の王朝（帝国《ファングオ》）の制度と気風が、今の日本人の精神をつくっていると喝破《かっぱ》された。驚くべき巨大な真実である。われわれ日本人は南宋期の中国人の精神を引き継いで保存しているらしい。ただ単に、禅宗仏教や雪舟《せっしゅう》派の水墨画や、〝竹林の七賢〟の風流に留まらない。私たち日本人とは、何と今に至るも、南宋期（一〇世紀から一三世紀）の中国人そのものだと石平氏は言う。その極限の美意識を体現する国民であるらしい。

願わくば、石平氏がこれ以上、〝中国崩壊論〟を日本国内で説いて回りませんように。なぜなら中国は崩壊しない。それどころか、これからますます隆盛《りゅうせい》して「和平崛起《わへいくつき》の大国」として世界を席捲する。「平和な世界帝国」になっていく運命にある。この大きな人類史上の動きを誰も押し止めることはできない。

民主政治《デモクラシー》こそは、中国人民の悲願

大和《だいわ》（大きな平和。グランド・ピース〈grand peace〉。「やまと」ではありません。誰かが奈良時代にこの「大和」を、日本に泥棒して持って来た）こそは、歴代中華帝国（歴代の中国王朝）の理想であった。北京の天安門をくぐると、そこに巨大な太和殿《たいわでん》が現れる。これを観光客として見た日本人は多い。その先が紫禁城《しきんじょう》（皇帝の居所）である。

日本国天皇と武家将軍たちは明らかに、歴代中華帝国の「日王《にちおう》」であって、それが歴史の真実である。

人類史は世界のそれぞれの地域《リージョン》（region）で動乱と戦乱を繰り返した。中国人だけが虐殺民族なのではない。日本史にだって多くの政治的虐殺があった。

私は、石平氏が中国共産党の一党独裁を激しく怒り、その終焉《しゅうえん》を主張することに共感する。民主政治《デモクラシー》（それは複数政党制と普通選挙制のことだ）こそは、中国人民の悲願である。私もこの方向には強く賛同する。

しかし、石平氏が、「反中国」にまで突き進まないことを希望する。自分が生まれ育った中国の大地と同族の人々を深く愛する、宋朝の士大夫《したいふ》の知識人の伝統にそろそろ立ち戻っていただきたい。私も士大夫である自覚を持って生まれた日本人だ。

石平氏が日本の中国大嫌い人間である右翼言論人たち（中国では日本右傾文人《リーベンうけいぶんじん》と呼ばれる）の支援を受けて、中国人《チヤンコウロン》を警戒し、中国が大嫌いである経営者たちのネットワークで大切にされる理由がわからぬではない。それが亡命知識人なるものの運命だからだ。私は唖然として、この様子をずっと眺めてきた。このたび、石平氏と親しく対話する機会を得て、欣喜雀躍《きんきじやくやく》としている。

偏った考えの彼ら日本右翼言論人（右傾文人）たちは、やがて少しずつ消えていく。彼らはなぜかアメリカ帝国にだけは異様に這いつくばる人々である。

この点を私が眼前で指摘すると、彼らは途端に横を向く。

私はアメリカの買弁《ばいべん》を平気でやる偽物ではない。本物の日本右翼（本物の愛国者）の伝統である「大《おお》アジア主義」の立場に連なる。だから、「アジア人同士、戦わず」（騙されてやらされる再びの戦争への道だけは何としても阻止しなければならない）の旗を掲げ続ける。石平氏にも、こういう知識人勢力が日本に現存することを何とかご理解いただきたい。

日本は、アメリカ帝国と中国帝国の二つの帝国（超大国）の狭間で、両方からの強い圧迫に耐えて、できる限りの独立自尊（福澤諭吉先生が言った）の道を模索し、繁栄していく国であるべきだ。アメリカ帝国のほうは急速に衰退を早めており、東アジアからもやがて撤退していくだろう。

日中の真の架け橋の文人《ぶんじん》となることを期待する

私が、東京大学出のエリート日本官僚（たかが上級公務員たち）を鼻で嗤《わら》うのと同じで、石平氏も、北京大学出で中国政府官僚となり駐日本大使館に来ている連中を鼻で嗤うだろう。官僚というのは、かつての清朝（大清帝国）の宦官《かんがん》たちであり、中国語では太監《たいかん》という。今は中国共産党の中央書記処書記たちをいう。

太監（すなわち金タマなし男）になどならないで、宮仕えなどせずに、市井《しせい》にあって悠然と生きる知識人たちの伝統と優雅さ（ただし、生活は質素で貧乏）こそは、中国宋朝の士大《したい》夫《ふ》の道である。この対談でこのことをまさしく私は石平氏に確認し、学んだ。

石平氏は、やがて日中の真の架け橋の文人《ぶんじん》となり、日本にとっての郭沫若《かくまつじゃく》（一八九二〜

一九七八、政治家、文学者、詩人であり歴史家。中日友好協会名誉会長。戯曲『屈原』『李白と杜甫』などの作品がある）や廖承志《りょうしょうし》（一九〇八〜八三、政治家。中日友好協会会長として日本人との知友関係が深い）の跡継ぎとなるべき重要な人物である。

最後に、私からの対談の申し出を寛《ひろ》い度量で快諾なさり、多くの質問に答えてくれた石平氏に叩頭《こうとう》して感謝する。石平氏は本当に頭のよい人である。この時期に、石平氏と私の対談本が世に出ることは、日本国にとって緊要な意味を持つ。

なお、この対談本が完成するまでに、先見の明のある出版人である李白社・岩崎旭社長の仲立ちがあり、湧水舎の吉野勝美氏の多大のご苦労があった。記して感謝申し上げる。

ただし、この跋文《ばつぶん》の冒頭で書いた蘭渓道隆や兀庵普寧らからの移入思想については、この本の続刊として「中国の文化・思想編」として刊行されることになった。引き続き、ご愛読いただきたい。

二〇一二年五月吉日

副島隆彦

〈著者略歴〉
副島隆彦（そえじま・たかひこ）
1953年福岡市生まれ。早稲田大学法学部卒業。外資系銀行員、予備校講師、常葉学園大学教授などを歴任。政治思想、法制度論、経済分析、社会時評など多くの分野で評論家として活動。副島国家戦略研究所（SNSI）を主宰し、日本初の民間人国家戦略家として研究、執筆、講演活動を精力的に行っている。主な著書に『属国・日本論』『世界覇権国アメリカを動かす政治家と知識人たち』『英文法の謎を解く』『預金封鎖』『恐慌前夜』『欧米日やらせの景気回復』『中国バブル経済はアメリカに勝つ』他多数。
ホームページ「副島隆彦の学問道場」URL http://www.snsi.jp
e-mail　GZE03120@nifty.ne.jp

石 平（せき・へい）
1962年中国四川省成都市生まれ。1980年北京大学哲学部入学。1983年頃毛沢東暴政の再来を防ぐためと、中国民主化運動に情熱を傾ける。同大学卒業後、四川大学哲学部講師を経て、1988年留学のために来日。1989年天安門事件をきっかけに中国と「精神的決別」。1995年神戸大学大学院文化学研究科博士課程修了。民間研究機関に勤務。2002年『なぜ中国人は日本人を憎むのか』を刊行して中国における反日感情の高まりについて先見的な警告を発して以来、日中問題・中国問題を中心に評論活動に入り、執筆、講演・テレビ出演などの言論活動を展開。2007年末日本国籍に帰化。著書：『私はなぜ「中国」を捨てたのか』ほか多数。
◆石平公式サイト
http://www.seki-hei.com/

中国 崩壊か繁栄か!?

2012年7月8日　　初版発行

著　者　副島 隆彦／石 平
発行者　岩崎 旭
発　行　株式会社李白社
〒162-0815　東京都新宿区筑土八幡町5-12　相川ビル 2F
電話　03-3513-8571　FAX　03-3513-8572
URL　http://www.rihakusha.co.jp
発　売　株式会社ビジネス社
〒162-0805　東京都新宿区矢来町114　神楽坂高橋ビル５Ｆ
電話　03-5227-1602　FAX　03-5227-1603
URL　http://www.business-sha.co.jp

＊本書の内容に関するお問い合せは発行元の株式会社李白社へお願いいたします。

印刷・製本／大日本印刷株式会社
〈カバーデザイン〉上田晃郷

ISBN978-4-8284-1670-0 Printed in Japan